Voyage de noces
a travers la France

Sur les chemins de Compostelle

Par Marie-Agnes et Karel BERTHET

*Nous ne naquîmes qu'une fois,
Nous ne pourrons naître de nouveau,
Nous ne sommes pas pour l'éternité.
Or toi qui demain ne sera plus,
Tu diffères la joie.
La vie périt de ce retard
et nous mourrons dans la prison de nos affairements.*

Epicure.

PROLOGUE

Une envie trottait dans notre esprit depuis longtemps, peut-être même depuis notre rencontre, quatre ans auparavant. Plus qu'une envie, un rêve que l'on savait réalisable, mais trop flou sûrement pour être déjà accessible. Ce rêve si commun d'emprunter au moins une fois dans sa vie, une autre voie que celle qui veut nous être tracée... Pour qu'enfin tout devienne possible.

A ce stade, les projets ne manquaient pas pour arriver à nos fins, alimentant de longues discussions qui réveillaient chaque fois dans les yeux de l'autre des étincelles propres à nous exalter mutuellement. Changer de métier, de région, de pays même, faire une pause, une accélération...

Nous savions au fond de nous que si l'occasion se présentait, nous pourrions franchir le pas. Certes, il faudrait vaincre certaines peurs, s'accommoder de quelques choix pragmatiques, se rassurer aussi et rassurer les autres, mais le besoin d'autre chose finirait tôt ou tard par l'emporter.

Nous en étions là de nos élucubrations, en ce début d'après-midi exquis du mois de juillet 2010, installés l'un et l'autre devant la télévision, et captivés par un documentaire relatant les prouesses d'un couple d'aventuriers partis rejoindre Jérusalem à pied[1]. Notre place était enviable, somnolant à moitié sur un canapé moelleux, bercés par le récit exaltant de ce voyage parsemé de rencontres, de déconvenues et de bonheurs. Ils marchaient pour nous, courageusement, veillant à nous offrir le meilleur de leur périple transfrontalier, nous faisant grâce de leurs

---

[1] Paris – Jérusalem 6000 km à pied d'Edouard et Mathilde Cortès(GEDEON Programmes)

souffrances et leurs tourments, compagnons pourtant inévitables de leur quotidien de marcheurs.

Que nous étions bien !

Et pourtant, imperceptiblement, le déclic venait de se produire. La petite graine plantée depuis longtemps, imbibée de cet enthousiasmant carnet de route, commençait l'air de rien à germer.

En guise de conclusion, alors que le générique défilait à l'écran, Karel rompit le premier le silence.

— Tu sais, j'aimerais bien faire une aventure comme celle-là. Pas la même chose bien sûr... Mais quelque chose qui sorte de l'ordinaire.

Marie-Agnès opina aussitôt.

— Oui, ça me tenterait !
— Tu te sentirais capable de le faire aussi ?
— Avec toi, oui !
— Chiche ?

Partir marcher, simplement, tout comme eux ? L'idée commençait à naître. Pourtant, à ce moment-là, l'un et l'autre n'avions pour nous que notre détermination... Et contre nous tout le reste ! Une condition physique héritée d'une vie trop sédentaire, une aversion pour le camping sur laquelle nous nous étions tout de suite entendus quand il fallut choisir nos premières vacances, une inexpérience patente pour l'orientation. Le projet était donc mal engagé mais dans l'euphorie du moment, nous élaborions déjà les bases de notre propre aventure.

— On partirait combien de temps ?
— Un mois c'est trop court.
— Oui, ce serait à peine plus long que des vacances. Deux mois c'est mieux. Qu'est-ce que tu en penses ?
— Ok. On pourrait prévoir un trajet de deux mois, et que dirais-tu si on se laissait trois mois pour le faire. Ce n'est pas une course. Comme ça, pas de stress.
— Va pour trois mois.
— Et pour le travail ? l'argent ?
— Ah oui, il faudrait y penser quand même !

Mais l'envie était née, tenace, indélébile. A deux, plus rien ne pouvait nous empêcher de la réaliser. En quelques jours à

Voyage de Noces à travers la France-3

peine, nous avions réussi à surmonter tous les obstacles. Pour le travail, nous avions d'abord pensé à une retraite anticipée mais à 32 et 36 ans, c'était encore, parait-il, prématuré ! Nous options donc pour une mise en disponibilité, un congé sans solde autorisé dans la fonction publique. Nos employeurs accepteraient sûrement. Pour les finances, il suffisait de mettre en vente notre maison. Nous l'avions acheté neuf mois avant, mais qu'importe ! Il restait quelques travaux de rénovation à terminer, mais une fois ces derniers réalisés, la plus-value nous assurerait quelques mois de subsistance.

Les deux verrous principaux venaient de sauter.

Nous pouvions maintenant nous consacrer à peaufiner les détails de notre "aventure", à commencer par l'itinéraire.

Quel parcours choisir ? La France nous apparut comme un champ d'action idéal. Nous partions avec déjà beaucoup de handicaps en notre défaveur, celui de la langue était superflu. Et finalement, notre pays nous était encore si méconnu... Le point de départ ? Pourquoi pas chez nous, Besançon. On éviterait ainsi les problèmes de logistique, de transport. Et l'idée de partir de chez soi nous plaisait vraiment. Le point d'arrivée ? Il fut choisi sans trop de tergiversations. Nous avions souvent projeté d'aller vivre à La Rochelle. C'était une belle destination qui impliquait de traverser la France dans sa largeur, avec comme point de mire, la façade atlantique, l'océan, la promesse d'autres territoires, l'infini qui s'offrait à nous. On pouvait déjà s'imaginer main dans la main, tombant genoux à terre sur une plage au coucher du soleil, au terme d'un voyage éreintant, mais rempli du bonheur d'avoir accompli un exploit, notre exploit, si modeste soit-il. Comment pouvait-on abandonner ce rêve maintenant qu'il était si tangible ?

Une étude plus approfondie des cartes nous révéla qu'une telle traversée, à vol d'oiseau, représentait tout au plus 700 kilomètres. 700 km ! Une broutille ! Nous qui randonnions à peine deux à trois fois par an, et pas plus de dix ou quinze kilomètres, projetions d'en faire une vingtaine par jour. C'était une moyenne acceptable, raisonnable même, mais à ce rythme-là, en un mois, l'affaire serait réglée. Impossible ! En un mois, les premiers bobos du randonneur

Voyage de Noces à travers la France-4

n'auraient même pas cicatrisé que le but serait atteint. On voulait bien souffrir, mais il fallait que ça vaille le coup !
— Et si on prenait les chemins de Compostelle ?
Compostelle ? On avait bien une vague idée de ce que ce chemin représentait. Une initiation, une quête spirituelle, ou simplement un défi, comme le nôtre, pour beaucoup de marcheurs ou de pèlerins. Nous y étions sensibilisés car la maman de Karel et le papa de Marie-Agnès y avait trainé leurs lourds godillots chacun en leur temps. L'une avait fait le camino francès, la partie espagnole, et l'autre la portion française de Figeac à Moissac. De magnifiques souvenirs, sans nul doute, pour tous les deux, mais nous savons maintenant que les plus belles photos et les plus beaux récits peuvent à peine esquisser la réalité de moments de vie aussi fort.
Compostelle, ce n'était alors qu'un nom pour nous. Tout au plus l'assurance d'un chemin bien balisé, et d'hébergements assurés. Une vision terre à terre de ce sillon millénaire.
Renseignements pris, nous pouvions rejoindre deux routes depuis notre point de départ. Celle partant de Vézelay, la plus proche de chez nous, et celle débutant au Puy en Velay, la plus fréquentée et la plus belle aussi selon les dires. Le choix était difficile. Les deux villes valaient le détours. Nous prîmes donc la décision de ne pas choisir. Nous rejoindrions dans un premier temps Vézelay, avant de gagner Le Puy, et enfin Saint-Jean Pied-de-Port, où nous nous détournerions des autres pèlerins pour longer les Landes et atteindre La Rochelle. 1 600 kilomètres à la louche, soit quatre-vingt jours de marche avec notre moyenne quotidienne de 20 km. C'était plus que prévu initialement mais le parcours nous plaisait, et rien ne nous empêcherait de nous avancer un peu par moment, en train, si nécessaire.
Nous ne voulions pas d'obligations, de rythmes, de délais à tenir. Seuls comptaient le départ et l'arrivée. C'était essentiel pour appréhender notre voyage en toute sérénité.

Il restait aussi à nous entraîner un peu, tout de même. Karel, confiant, comptait sur des premiers jours de marche de dix ou quinze kilomètres pour se mettre en jambe. L'entrainement intensif lui semblait inutile. Combien de

Voyage de Noces à travers la France-5

personnes, préparées à outrance pour ce genre de périple ont vu leurs efforts rendus vains quand, au bout de trois jours, une tendinite les mettait sur la touche. Débutant ou expérimenté, nul n'en était à l'abri. Marie-Agnès, quant à elle, doutait un peu plus de ses capacités... Un doute qui n'allait cesser de grandir alors que la date du départ approchait.

Nous nous résolûmes à quelques marches d'entrainement. L'occasion de faire les réglages indispensables, notamment sur le choix de l'équipement. Les chaussures de grande randonnée, à l'épreuve de tous les terrains, et sécurisantes pour les chevilles, nous étaient vivement conseillés. Mais test fait, le seul plaisir à les porter se limitait à la sensation – certes grisante- de pouvoir voler lorsqu'on les retirait après plusieurs kilomètres. Contrepartie bien faiblarde finalement !

Sans compter la période de rodage, souvent longue, pour les « casser » avant le départ. Des heures de souffrance en perspective... Très peu pour nous !

Nous nous orientâmes donc vers des chaussures plus légères et plus basses, étanches, qui conviendraient bien pour notre itinéraire. Après tout, les cols alpins n'étaient pas au programme. Ce choix laissa dubitatif les plus expérimentés, mais nous ne le regrettâmes pas une seule fois durant notre aventure.

Le sac à dos aussi demeura un sujet crucial. Quel modèle ? Et quel poids transporter ? Le minimum bien sûr ! Mais dans le couple, les deux personnalités devaient s'affronter jusqu'au dernier jour, au cœur d'une guerre de tranchée, sur la notion du minimum vital. Les arguments ne manquèrent pas de fuser, les concessions de tomber, pour être vite oubliées ; l'objet décrété inutile un jour devenait indispensable le lendemain. On se battait sur tous les fronts, à coup de kilogrammes. Non ! Plutôt de grammes qui, l'un après l'autre, devraient coûte que coûte trouver leur place dans nos sacs à dos.

Nous devions notamment nous confronter à un problème de taille. Tous les récits de pèlerins dont nous nous rassasiâmes au cours de notre préparation évoquaient la nécessité de partir léger, le chemin étant bien pourvu en hébergement et en ravitaillement bon marché. Nous voulions bien le croire mais quid des premières centaines de kilomètres, avant de rejoindre le Puy-en-Velay ? et les

Voyage de Noces à travers la France-6

derniers, lorsque nous longerions l'Atlantique ? A moins d'anticiper toutes les étapes, et de réserver tous les hébergements abordables disponibles pour les trois mois de marche à venir, il était impossible d'être assuré de dormir à l'abri tous les soirs. Il nous fallait donc une tente et des sacs de couchage, et le nécessaire pour cuisiner un repas de fortune. Et tout cela s'ajoutait à une liste déjà impressionnante qui, gramme après gramme, représentait presque 30 kg de matériel ! 15 kg chacun en respectant la parité homme-femme ! Trop, aux dires des spécialistes.

Au cours d'une discussion en famille, Olivier nous parla des remorques pour randonneur. Une découverte pour nous, pas évidente à accepter. Mais l'idée fit son chemin. Nous pourrions ainsi transporter plus de poids et ménager du même coup le dos de Marie-Agnès à qui le port du sac était déconseillé.

Plusieurs modèles existaient dont l'un attira tout de suite notre attention. Muni de deux roues facilement démontables, d'un sac de grande contenance, de longues poignées ergonomiques répartissant idéalement le poids, il était parfaitement étudié pour le transport tout terrain. Son nom : le wheelie. Cher, certes, très difficile à trouver aussi tant les revendeurs étaient rares, mais nous devions le débusquer d'occasion une poignée de jours plus tard, à quelques kilomètres de chez nous. Heureux coup du destin !

Fier compagnon de route, inusable, il devait acquérir peu à peu, au fil du chemin parcouru, une âme qui en fit le troisième larron de notre aventure.

Une dernière idée enfin, qui viendrait parfaire ce projet, telle la cerise au sommet d'un gâteau déjà bien copieux, avait fait son chemin au cours de l'été dans la tête de Karel. L'opportunité était trop belle ! Il commença à avancer ses pions le jour de l'anniversaire de Marie-Agnès, en septembre 2010, huit mois avant la date prévue du départ.

— On devrait réfléchir à la façon dont on veut partir, tu crois pas ? On pourrait inviter tous nos proches à cette occasion, pour dire « Au revoir ».

Voyage de Noces à travers la France-7

— Oh oui, bonne idée ! On réunirait les deux familles.
Marie-Agnès était loin de se douter de ce qui allait suivre.
— Deux familles, réunis autour d'un couple, pour un bon repas... ça ne te rappelle pas quelque chose ?
Marie-Agnès, incrédule :
— Un mariage mais...
— Je suis partant tu sais !
Elle en resta sans voix. C'était bien un mariage qu'il proposait ? L'idée de devenir mari et femme était certes en nous depuis longtemps, mais le rituel cérémonieux était jusque-là resté source d'angoisses pour Karel. Il avait donc osé franchir le Rubicon, pour partir à deux, plus fort que jamais, scellant le pacte qui allait nous lier pour le pire, et pour le meilleur !

EQUIPEMENT EMPORTE

Wheelie et sac à dos pour le transport du matériel

Pour le camping :
Tente
Sacs de couchage
Camping gaz
Petite casserole
Couverts, quarts
Gourdes

Pour la pluie :
Pèlerines
Guêtres
Protection pluie pour sac à dos et wheelie

Pour l'hygiène :
Dentifrice, brosses à dent.
Produit tout en un : savon, shampoing, vaisselle

Serviettes microfibres
Gants
Miroir de poche
Coupe-ongles
Crème solaire
Anti-moustiques

Les vêtements :
Chaussures basses de marche
Chaussures de rechange pour le soir
Deux pantalons chacun
Trois sous-vêtements chacun
Trois paires de chaussettes chacun
Deux t-shirts chacun
Une polaire chacun
Un gilet chacun
Pyjamas
Deux casquettes

Premiers soins :
Pansements ampoules
Arnica
Crème soin des pieds
Paracétamol

Documents :
Crédencial
Cartes IGN
Cartes d'identité
Guides miam-miam do-do
Carnet d'adresse

Divers :
Appareil photo
Lampe-radio dynamo
Allumettes
Bâtons de marche
Boules Quies
Nécessaire de couture
Ficelle
Epingles à nourrice
Cartes bancaires et argent liquide

CHAPITRE I : ADIEUX

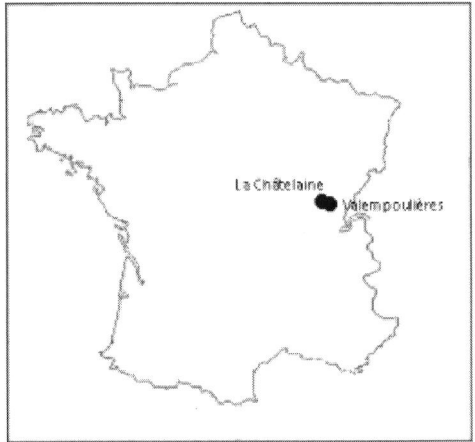

Carnet de route de :
Marie-Agnès
Kilomètres parcourus a ce jour :
0 km
Date :
14 mai 2011

Tout s'était déroulé comme prévu pour que ce jour de fête puisse se vivre comme dans nos pensées ! Pour être totalement honnête, si tout était au point pour cette journée inoubliable, nous avions du quand même supporter quelques sueurs froides dans les semaines qui précédèrent, notre maison ne s'étant finalement vendue que dans les tous derniers instants.

Un heureux coup de pouce du destin pour nous permettre d'aller au bout de nos rêves.

Il est 18 heures. Karel me glisse à l'oreille, un peu gêné :

Voyage de Noces à travers la France-11

— Il va falloir y aller.

Déjà ! Je garde toutefois cette réflexion pour moi. J'étais tellement bien au milieu de tous mes proches. Une journée qui sera gravée à jamais dans mon cœur. L'heure des adieux a sonné ! Tout s'est passé si vite depuis la cérémonie à la mairie le matin même. Le temps d'un repas champêtre, d'intenses retrouvailles, un flot puissant et ininterrompu d'émotions et c'est maintenant le moment du départ ! 18h ! Les peurs m'assaillent tandis que je retire ma robe de mariée dans 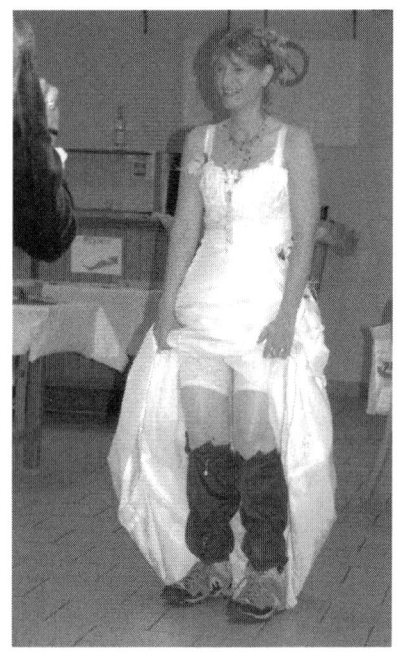 laquelle je me suis sentie si bien, pour enfiler un pantalon de randonnée, une veste polaire et les chaussures de marches bien moins glamours. Je serre une dernière fois ma maman contre moi. Les larmes gagnent mon visage. Etait-ce la joie ou la tristesse ? Les deux, j'en suis certaine. Vais-je y arriver ? Va-t-on y arriver tous les deux ?

Ce qui m'apparaissait réalisable il y a peu encore devient soudain terriblement réel et incertain !

Karel vient de me rejoindre, équipé lui aussi. Au revoir la belle chemise blanche, il a déjà le sac à dos sur les épaules. Pourquoi est-ce qu'il semble avoir moins de mal que moi à partir ? D'accolades en embrassades, nous gagnons peu à peu la porte de la sortie. Le temps est maussade ; La pluie ne tardera pas. On préfère toujours les mariages ensoleillés, mais la chaleur est dans les cœurs. Le temps, lui, est à l'unisson avec mes états d'âme.

Une partie de notre famille nous accompagne pour le premier kilomètre. Une dernière photo. Les derniers encouragements. Quelques signes échangés au loin. Et puis, ça y est, c'est décidé : on ne se retournera plus !

Très vite, nous percevons le calme de la nature autour de nous. Une rupture brutale avec la journée qui venait de s'écouler. Tous les sons sont étouffés par un ciel bas, un air chargé d'humidité. Quel silence ! Impressionnant. Nous avançons main dans la main, mécaniquement, sur une petite route goudronnée et déserte, repensant aux touchants adieux. L'émotion me gagne. Je jette alors un œil vers mon mari qui ne dit rien. Les larmes lui coulent sur les joues sans qu'il ne cherche à les retenir. Nous ressentons la même chose…

Nous marchons ainsi dans une bulle pendant un moment, sans trouver le besoin de retranscrire par des mots nos sentiments. Inutile !

Voyage de Noces à travers la France-13

Quelque minutes plus tard, la réalité nous rattrape sous la forme de petites gouttes de pluie, qui en annoncent beaucoup d'autres. Vite, il faut se protéger. Nous stoppons le convoi pour farfouiller dans nos sacs à la recherche des larges ponchos achetés en prévision. Les gestes sont encore hésitants, affectés. Ils seraient maintes et maintes fois répétés à l'avenir. Une vache observe la scène, témoin unique de nos premiers pas de marcheurs au long cours. Allez, en avant ! Deux à trois heures de marches sont prévues ce premier soir. Sans trop de difficulté nous traversons une forêt au son du wheelie qui brinqueballe sur ses deux roues tout terrain. En descente ou même sur sol plat, je ne ressens quasiment pas les 24 kg que je transporte.

Les arbres se font soudain plus rares. Au loin, le petit village de La Châtelaine dévoile ses premières maisons. Nous avons avalé cette portion beaucoup plus rapidement que prévu. L'excitation de la journée est en train de retomber, préparant nos corps au repos. Nous parcourons les rues désertes du village dans un silence irréel, pour gagner l'hôtel réservé depuis plusieurs mois. La seule concession que m'avait accordée Karel, alors que j'aurais bien voulu prévoir nos hébergements au moins jusqu'à Vézelay, pour me rassurer. Mais difficilement, j'avais finalement réussi à me faire à l'idée que trop prévoir nous détournerait de l'aventure et du délicieux imprévu.

Dès demain, il nous faudra trouver quotidiennement un endroit pour dormir.

A vingt heures, nous franchissons les portes de notre hôtel. L'accueil est plutôt anonyme. Nous sommes conduits dans notre chambre sans même un petit mot pour notre mariage ou le voyage que nous nous apprêtons à réaliser. Petite déception, mais après tout, nous n'avons encore rien prouvé. A peine la porte refermée, nous découvrons déjà le bonheur simple d'avoir un toit et un lit pour la nuit.

CHAPITRE II : PREMIÈRES RENCONTRES

CARNET DE ROUTE DE :
Karel
KILOMETRES PARCOURUS A CE JOUR :
10 km
DATE :
Du 15 au 17 mai 2011

Ce premier matin, j'ouvre tôt les volets sur un paysage champêtre où le soleil est déjà au rendez-vous. Trois chevaux sont en train de brouter devant la porte de notre chambre. Charmante surprise pour le réveil, que je m'empresse de partager avec Marie-Agnès ! Son sourire me fait plaisir.

L'un et l'autre n'avons aucune envie de traîner au lit, L'appel de l'aventure étant trop fort. Manquant encore d'expérience, c'est au prix d'une longue bataille que nous parvenons à ranger nos affaires dans le sac à dos et le wheelie. Exercice périlleux pour que tout tienne dans les contenants, en restant malgré tout accessible. Mais nous y arrivons finalement en une dizaine de minute -Le record ne cessera d'être battu par la suite.

Dans la salle de bain, nous mettons la main sur les petits échantillons de savon mis à notre disposition. Des grammes supplémentaires en prévision d'hébergements moins confortables. Toujours avec ce même plaisir coupable, devant le copieux buffet du petit déjeuner, nous glissons discrètement quelques tranches de pains et des confitures dans nos larges poches, afin de constituer des encas pour la route. C'est dimanche en effet, et la plupart des magasins que nous croiserons risquent d'être fermés. Inquiétude bien dérisoire quand nous ne sommes qu'à quelques minutes de voiture de nos familles, qui doivent encore se reposer de la fête de la veille. Mais le ton est donné : A compter de ce jour, seul comptera la nécessité de trouver de quoi manger et dormir !

L'étude préalable de la carte m'avait permis de repérer un itinéraire balisé rejoignant Arbois, plus bas dans la combe, au cœur de ses vignobles. Il débute dans une forêt non loin de là, où nous ne tardons pas à trouver une piste. Rapidement pourtant, le chemin devient un étroit sentier qui finit par se dédoubler sans balisage précis. Etant le préposé autoproclamé à l'orientation, c'est d'un ton assuré que j'assène quelques phrases sensées rassurer Marie-Agnès.

— Puisqu'on descend, c'est qu'on est dans la bonne direction !

Mon œil ! Doit-elle penser.

Puis le sentier devient une sente, à flanc de montagne, barrée par des troncs d'arbre tombés récemment. J'affiche un sourire de circonstance. Marie-Agnès est-elle dupe ? Nous devons porter le wheelie pour enjamber un premier tronc. Au sol, les feuilles trempées par la pluie de la nuit rendent l'exercice périlleux. Je glisse mais me rattrape à une branche.

C'est décidé, on rebrousse chemin ! Perdus dès le premier jour à quelques kilomètres de chez soi. Ils sont beaux les aventuriers ! On en rigolera sûrement plus tard ! Et en effet, quelques minutes après qu'on eut finalement trouvé la bonne voie, nous nous fendons d'un éclat de rire libérateur.

Nous atteignons Arbois sans nouvel incident, pour y faire une brève halte à la célèbre chocolaterie Hirsinger. Mais il faut repartir alors que le temps, lui, décide de se gâter. Le ciel devient noir, menaçant. Comme on se sent vulnérable, loin de chez soi, sans abri sûr en vue ! Avec l'habitude, on ne s'en souciera plus heureusement. Nous devons essuyer une première averse qui met à l'épreuve nos affaires de pluie. Première bonne nouvelle : Nous ne prenons pas l'eau ! C'est déjà une bonne chose.

Plus loin, un repas frugal est vite avalé à même le sol, entre deux ondées, puis c'est un nouvel orage, violent, qui éclate. Nous sommes seuls sur une petite route de campagne, encore peu aguerris. Sans abri en vue, il faut avancer coûte que coûte. Je crains que Marie-Agnès n'en soit affectée, mais non ! Au lieu de ça, je devine un sourire derrière la capuche qui lui enserre toute la tête. Quelle fierté de la voir ainsi !

Il est 16h et le temps ne s'améliore toujours pas, tandis que nous venons de traverser un autre orage, encore plus violent. Le moment idéal pour chercher un hébergement ! Tacitement, nous laissons de côté l'idée d'un camping. Une pancarte nous indique une chambre d'hôte à proximité. Pas d'hésitation, elle est pour nous ! Nous frappons à la porte. Un jeune homme ouvre, mais nous informe sans conviction :

— C'est complet !

Nous lisons entre les lignes et comprenons qu'il n'a pas envie de recevoir de monde ce soir-là. Tant pis, nous n'insistons pas malgré notre grande déception. Il faut repartir. Deux heures de marche encore, mais sous le soleil cette fois avant que nos jambes ne réclament miséricorde, près de Montholier. Marie-Agnès est fatiguée et je la comprends. On est loin des 10 ou 15 km promis initialement. Pour une mise en jambe, c'était copieux ! J'aperçois un hôtel au loin sur le bord d'une nationale. Nouvelle désillusion, il est fermé ! Mais heureusement, à ses abords, nous croisons deux hommes se promenant avec un enfant. Ils accueillent notre curieux attelage avec un sourire amical. Une ouverture dans laquelle nous nous engouffrons.

— Vous savez s'il est possible de trouver un hébergement dans le secteur ?

Pour toute réponse une moue, perplexe, mais soudain l'un d'eux semble avoir une illumination. Il connaît un couple qui possède un gîte dans le village, et qui a fait Compostelle aussi. Chez lui, nous trouvons leurs coordonnées dans l'annuaire. Marie-Agnès appelle. Je trépigne derrière elle, un peu tendu, car apparemment c'est notre seule chance de logement à des kilomètres à la ronde. Elle se retourne vers moi, tout sourire, après un échange m'ayant semblé interminable.

— Ils s'apprêtaient à partir et leur gîte est fermé depuis un moment, mais c'est bon, ils nous accueillent !

Elle a parlé de Compostelle, un véritable sésame pour ceux qui ont parcouru ce chemin. Nous sommes heureux, soulagés. La fatigue et l'humidité de cette première journée sont instantanément effacées. Dès ce premier jour, nous touchons du doigt l'essence même d'une aventure comme la nôtre : se réjouir de bonheurs simples, comme le repos, un toit ou une rencontre. Ce « oui » suffit à nous combler. Et l'accueil ira bien au-delà de nos espérances ! Christiane et Jean-Claude nous installent dans leur gîte, soucieux de notre bien-être. Avant d'avoir eu le temps de dire ouf, ils s'emparent de nos chaussures mouillées avant de nous quitter en nous souhaitant un bon sommeil. Dehors, un nouvel orage s'annonce mais nous sommes à l'abri !

Une bonne douche puis nous prenons soin de nos pieds et de nos jambes, très sollicités ce jour, en les massant longuement. Le lit est confortable ; Nous ne tardons pas à nous endormir, paisiblement.

Au matin, d'incroyables courbatures se réveillent dès que nous posons le pied par terre. Nous claudiquons tous deux grotesquement pour sortir de la chambre, en nous moquant sans vergogne l'un de l'autre. La bonne humeur est au rendez-vous. Devant la porte du gîte, nos chaussures nous attendent, après avoir séchées devant le poêle toute la nuit. Guettant notre sortie, Christiane et Jean-Claude nous invitent à prendre le petit déjeuner avec eux. Nous sommes touchés par toutes ces attentions et les rejoignons donc dans leur cuisine, faisant bonne figure pour marcher droit et jeter un voile pudique sur nos premières douleurs de marcheurs. Ils nous parlent de leur chemin de Compostelle, nous rassurent, nous encouragent, nous donnent d'utiles conseils. Nous nous sentons compris, et garderons toujours un souvenir ému de cette première rencontre.

Il faut maintenant faire nos adieux, reprendre la route. Christiane fouille dans son frigo et se met en quatre afin de nous improviser un pique-nique pour le midi. Le lundi aussi, il n'est pas toujours facile de trouver des commerces ouverts loin des villes. Nous retiendrons la leçon et serons plus prévenants pour les ravitaillements les prochaines semaines.

Il est 9h lorsque nous les quittons. Pas après pas, les muscles s'échauffent tandis que les courbatures s'effacent rapidement... Jusqu'au lendemain matin seulement ! Mais les ignorer serait une erreur car elles résonnaient comme un avertissement à prendre au sérieux, nous invitant à nous ménager pour éviter les petits accidents.

La campagne jurassienne se révèlent à nous, variée, pittoresque. Les petits villages se succèdent où l'on devine une vie paisible derrière des murs de pierres taillées. A la vitesse du randonneur, on redécouvre des paysages que l'on croyait connaître. Le temps, lui, semble s'écouler différemment, pour s'adapter à nous.

Des cris et des rires d'enfants s'échappent de la cour d'une école. Nous sommes à Le Deschaux. L'après-midi commence. Retenant les leçons de la veille, nous interpellons une enseignante afin de nous renseigner sur les possibilités de logements. Elle nous oriente vers une ferme à 4 km de là.

— Parfait ! Nous arriverons tôt comme ça.

Après une longue pause, nous repartons tranquillement en direction de Balaiseaux, que nous atteignons une heure plus tard. Ouf ! Nos jambes tremblent déjà d'excitation (ou de fatigue ?) à l'idée du repos qui s'annonce. Le soleil tape fort sur cette route sans arbre et nous apprécierons bien un peu d'ombre. Un coup de fil à nos hôtes de ce soir et patatra, c'est le coup dur :

— Bonjour nous sommes le couple à pied. Nous sommes à Balaiseaux, près de la mairie. Pouvez-vous nous indiquer où est votre ferme ?

— Vous êtes près de la mairie ? Ah, je suis vraiment désolée. On vous a mal renseigné, mais nous sommes beaucoup plus loin, dans un autre hameau.

Balaiseaux s'étend en effet sur trois lieux-dits distants de plusieurs kilomètres. Quelques minutes à peine en voiture, mais à pied...! C'est reparti pour des kilomètres en plus, d'autant plus durs que dans nos têtes, nous étions déjà arrivés. Finalement, nous découvrons la propriété sur les rotules, ayant parcouru encore plus de kilomètres que la veille ! L'accueil est tout de suite chaleureux. Madame C., la propriétaire, est venue à notre rencontre à vélo. Elle nous propose une boisson rafraîchissante à base de citron et de figues, accompagnée de cerises de son jardin. Divin ! Les maux de la journée sont déjà effacés.

Nous profitons également de sa générosité pour utiliser leur connexion internet et mettre à jour le blog que nous voulons tenir. Un problème nous empêchait jusque-là d'envoyer des messages via notre téléphone portable. Le souci est réparé et nous pourrons désormais, quasi quotidiennement, tenir un petit carnet de route en ligne. Un lien précieux avec le monde que l'on a momentanément quitté. Nous rassurons ainsi notre entourage tout en maintenant la distance qui nous permet de vivre pleinement notre aventure.

Madame C. nous fait découvrir les lieux, essentiellement tournés vers l'élevage de chevaux. Une jument, énorme, est sur le point de mettre bas, peut-être dans la nuit.

Mais pour l'heure, nous devons prendre soin de la mécanique. Pommade, massage des jambes, et soin des

Voyage de Noces à travers la France-20

premières ampoules pour moi (deux ou trois par pied) ! Heureusement, nous avons tout ce qu'il faut dans notre modeste pharmacie pour traiter ces petits bobos. Première lessive aussi, dans le lavabo de la salle de bain. Avec seulement deux jours de rechange pour les sous-vêtements, nous avons plutôt intérêt à nous y coller régulièrement !

La nuit n'aura finalement pas vu naître de poulain, mais de nouvelles courbatures, qui rendent le sortir du lit toujours aussi cocasse ! Nous prenons le petit déjeuner avec nos hôtes en discutant de notre future destination. Prévenants, ils nous indiquent sur notre carte des chemins blancs à travers champs qui nous permettront d'éviter la route. Si nous le voulons, Monsieur C. se propose même de nous conduire jusqu'à eux en calèche. L'endroit n'étant pas balisé, cela nous éviterait de nous perdre. Il a justement besoin de 'débourrer[2]' Tartine, l'une de ses juments, âgée de quatre ans. Notre vocabulaire enrichi de ce nouveau mot, nous prenons congé

---

[2] Débourrer un cheval consiste à lui faire accepter de tracter un attelage.

de la ferme et chargeons tout sourire le sac à dos et le wheelie sur un antique attelage, avant de prendre place aux côtés de notre hôte.

Hue Tartine !

La calèche s'ébranle, et c'est parti, au trot, à travers le village puis les champs. Ces imprévues nous enivrent ! Quel bonheur !

Quelques minutes plus tard, nous regardons s'éloigner Tartine et son maître, soulevant derrière eux une fine poussière blanche. Une nouvelle journée de marche commence, qui s'annonce déjà très chaude. Prenons le bon côté des choses, les sous-vêtements lavés la veille, et encore humides, devraient sécher rapidement sous ce beau soleil. Nous cherchons une solution pour les étendre. J'ai d'abord l'idée de tendre une ficelle entre le wheelie et le sac à dos et d'y faire tenir notre linge. Solution séduisante, mais peu pratique, ni discrète ! Un tee-shirt, passe encore, mais nous nous imaginons mal traverser des villages ou des routes avec une guirlande de petites culottes entre nous. Nous accrochons donc nos affaires mouillées sur le wheelie, mais je sens que Marie-Agnès est encore chagriné.

— Ça se voit que ce sont des culottes non ?

J'en fais donc des boules informes qui pourraient ressembler de loin à des mouchoirs.

— Et comme ça c'est mieux ?
— Ça ira !

Ça ne risque pas de sécher bien vite mais enfin ! Au moins, nous conserverons un semblant de dignité lorsque nous serons amenés à croiser d'autres personnes.

Voilà le genre de petits détails auxquels on ne pense pas forcément avant de partir, un exemple des défis que relève l'aventurier au quotidien ! Nous repartons la tête haute, fiers d'avoir surmonté l'adversité.

Rapidement pourtant, les excès des jours précédents choisissent de se rappeler à nous. Mes ampoules rendent la marche inconfortable et les chevilles de Marie-Agnès se bloquent par moment, réclamant des pauses fréquentes. Nous avançons donc au rythme imposé par nos corps, profitant des coins d'ombre pour faire des arrêts réconfortants.

Voyage de Noces à travers la France-22

Tranquillement, nous changeons pour la première fois de département (et de région par la même occasion) en pénétrant en Côte d'Or. L'objectif, raisonnable cette fois, est de s'arrêter pour la nuit à Saint-Aubin, petit village bourguignon de trois cents âmes, ce qui constituerait une étape d'une quinzaine de kilomètres. Enfin une étape raisonnable ! Nous atteignons notre but en début d'après-midi, sans retenir grand-chose des paysages traversés, d'immenses plaines vouées à la culture intensive.

A l'école du village, on nous parle de Monsieur et Madame B. qui ont fait Compostelle. Une bonne piste pour nous ! En effet, Monique nous accueille à bras ouverts dans sa propriété. A l'entrée, trône un magnifique gîte aux pignons de pierre, et aux murs en torchis, baptisé « Les poulots » ; A l'origine, un ancien poulailler totalement restauré avec goût par son mari Georges, qui y a œuvré sans relâche ses premières années de retraite. Après leur retour de Compostelle, ce couple a choisi de dédier ce bâtiment à l'accueil, à la culture et au partage en le cédant à l'association créée pour l'occasion. Un travail et un projet audacieux qu'ils nous décrivent avec des yeux pétillants de bonheur. Une petite statue de Saint Jacques trône dans une niche au-dessus de la porte d'entrée. Souci du détail. Puis nous découvrons l'intérieur : une grande salle d'accueil, chaleureuse, une cuisine fonctionnelle, une vaste salle de bain et un dortoir à l'étage, en mezzanine. Tout cet espace sera pour nous cette nuit. Un luxe auquel nous avons du mal à croire !

Douches, lessives, soins des membres inférieurs se font dans le plaisir. Nous profitons de la terrasse ensoleillée pour envoyer nos premières cartes postales. L'occasion de remercier tout le monde pour le mariage que nous avons vécu. Un beau piano trône dans la pièce principale, instrument devant lequel Marie-Agnès ne résiste pas. Elle s'y installe et égraine quelques notes de musique pour ma plus grande joie. Cela faisait longtemps qu'elle n'avait plus trouvé l'envie de jouer !

Puis Monique vient nous trouver afin de nous inviter à dîner le soir. Nous partageons un repas inoubliable. Nous, curieux et avides de connaître « leur Compostelle ». Eux, pleins d'indulgence et d'encouragements pour nos premiers

pas. Plusieurs années après, ils évoquent encore leur voyage avec l'émotion dans la voix. On peut aussi la lire dans leurs yeux partant parfois dans le vague :
— Si vous saviez ce que vous allez vivre et emmagasiner comme souvenirs !
Ils n'ont pas tort !

Le lendemain Monique nous apporte le petit déjeuner et nous accompagne même sur les premiers kilomètres, nous évitant ainsi de rejoindre notre prochaine destination par une route très fréquentée. Avant que nos chemins se séparent, elle nous lance.
— Ultreïa !

Ces premières rencontres furent comme des jalons, placés ici et là sur notre chemin, pour nous donner la foi d'avancer, toujours plus loin. Nous en aurons bien besoin !

CHAPITRE III : DUR, DUR !

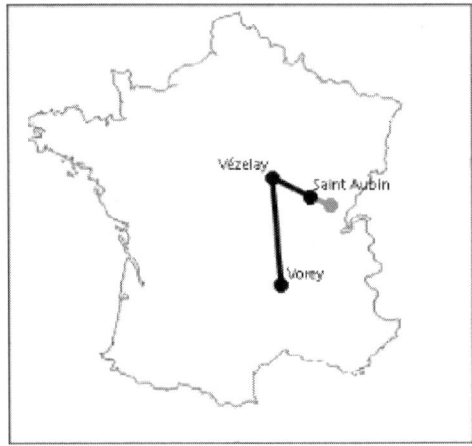

CARNET DE ROUTE DE :
Marie-Agnès
KILOMETRES PARCOURUS A CE JOUR :
69 km
DATE :
Du 18 mai au 9 juin 2011

Première incursion en ville depuis notre départ, Saint-Jean-de-Losne se dévoile à nous, sur les bords de Saône. Charmante bourgade paisible et accueillante, elle ne l'est toutefois pas pour nous, trouvant porte close à l'office du tourisme, à l'heure de notre passage. Nous pourrions attendre la réouverture pour y glaner quelques adresses d'hébergements, mais nous ne passons pas inaperçus avec notre équipement et nos nouveaux airs de baroudeurs. Battant en retraite, nous préférons retourner dans l'anonymat de la route, après une petite sieste dans un parc ombragé.

Nous longeons la Saône jusqu'à Esbarres où nous espérons dormir sous la tente, le ciel étant clément. Deux jeunes mamans prévenantes nous conseillent d'aller voir le

Voyage de Noces à travers la France-25

maire du village. L'adjoint, sensibilisé à Compostelle par un membre de sa famille, (décidément, ce n'est plus un chemin, mais une autoroute !) plaide en notre faveur auprès du Maire qui accepte de nous offrir la nuit dans le camping municipal. Nous sommes conduits sur un emplacement spacieux où nous savourons une fin d'après-midi oisive au milieu de la nature. La saison n'a pas encore commencé et les touristes sont rares, trois ou quatre familles tout au plus, si bien réparties sur le camping que nous ne les verrons pas.

Une fois déployé tout notre attirail (wheelie, tente, sacs de couchage, pharmacie, popote...), et en prenant nos aises, nous couvrons à peine un dixième de notre nouveau territoire. Quel luxe ! En revanche, nous risquons d'être un peu plus à l'étroit pour la nuit car la tente, une fois dépliée, s'avère minuscule. Nous l'avions pourtant testée avant le départ mais en condition réelle, c'est autre chose... Pourtant l'heure n'est pas à l'inquiétude. Nous profitons d'un robinet tout proche pour nous laver en plein air, seuls au monde, nous aspergeant mutuellement d'eau froide, tels des gamins. Ça fait du bien !

Demain, nous devrions arriver à Cîteaux. Il faudra nous lever tôt si l'on veut profiter un peu de ce lieu chargé d'Histoire. Tôt, nous nous lèverons en effet ! Très tôt même !
A 3h30, Karel me réveille.
— Hé mais c'est mouillé !
— Où ?
— Partout, la tente prend l'eau !
Effectivement, la toile est complètement humide. Tout ce qui est en contact avec est trempé (les cheveux, les sacs de couchage...)
— Il pleut ?
— Je ne crois pas, attends je regarde.
Ziiiip.
— C'est tout sec dehors. Il fait même bon !
Impossible de se rendormir dans cette humidité. La décision est prise de replier la tente et de partir. Que peut-on faire d'autre ? A la lumière d'une lampe-radio dynamo, nous rassemblons tout notre équipement. Damned ! Il me manque une chaussette ! Déjà que je n'en ai que trois paires, je ne peux pas envisager d'en laisser une sur le carreau. Nous passons vingt minutes à explorer chaque millimètre carré de terrain, à genoux, en quête de la chaussette fugueuse, tout en faisant des moulinets avec la manivelle de la dynamo.
— Je l'ai !
Victoire ! En route !
Et nous voilà partis, en pleine campagne, sans éclairage public pour nous guider. Direction Cîteaux, qui n'aura jamais aussi bien porté son nom ! Karel mouline toujours. Il a même mis la radio pour nous donner de l'entrain.

Nous entendons derrière nous le moteur caractéristique d'une voiture sans permis. La même voiture que nous avions vu rôder près du terrain de camping la veille au soir. Etrange ! Il est 4h30. Je ne suis pas trop rassurée.

La voiture nous dépasse puis s'éloigne. Nous ne la reverrons plus.

Enfin le soleil se lève, magnifique spectacle, promesse de futurs rayons qui ne tarderont pas à nous réchauffer. Mais

Voyage de Noces à travers la France-27

nous n'avons pas le courage d'attendre les bienfaits de cette nature bienfaitrice. Nous nous installons donc dans un abri bus pour préparer une boisson chaude grâce au petit réchaud qui figure dans notre équipement. Elle nous réconforte et efface le réveil mouvementé.

Il n'est même pas 6h. Pourtant nous voyons un monsieur s'approcher de nous. Logeant à côté, il vient nous raconter sa vie, la perte de sa femme, son séjour en hôpital psychiatrique... Les rencontres sont toujours inattendues !

Le lieu n'étant pas propice aux échanges, nous lui faisons nos adieux quelques minutes plus tard. Deux heures après, nous franchissons déjà l'enceinte de l'abbaye Notre-Dame de Cîteaux, qui n'est pas encore ouverte au public. Je m'installe sur un banc pendant que Karel va repérer les alentours. Une douleur à ma cheville droite n'a cessé de croître depuis notre départ ce matin, une tendinite certainement. La faute sûrement aux routes goudronnées empruntées jusqu'à présent ; Une surface hostile pour le marcheur. C'est bien ma veine ! Je suis furieuse !

Et le ciel qui se couvre...

Nous savons déjà ne pas pouvoir nous reposer ici jusqu'au lendemain, les moines n'accueillant pas les voyageurs de passage. Il faudra reprendre la route, plus tard. J'espère que cette douleur me fichera la paix ! Durant ce moment de détente, je passe un petit coup de téléphone à mon papa qui fête son anniversaire aujourd'hui. Au fil de la conversation et répondant à la question de « comment te sens tu », je l'informe de mon état de santé, mais le rassure aussitôt.

— Ça va aller ! On vit des moments fantastiques !

Je reste assise autant que possible pour économiser ma cheville. Pendant ce temps, le magasin de l'Abbaye ayant ouvert, Karel s'y engouffre pour faire quelques courses. Au menu, madeleines, pâtes et chocolat bénis. Ainsi lestés de victuailles sacrées, nous quittons Cîteaux, gardant le souvenir de son cloître reposant et de ses bâtiments aux formes harmonieuses, où œuvrent depuis des siècles les moines cisterciens.

Outre ma jambe qui me fait souffrir à chaque impulsion, et le réveil prématuré nous ayant tous deux privé de quelques heures de sommeil indispensables, une pluie fine s'installe pour venir parfaire le tableau. Et pourtant, le moral résiste.

Voyage de Noces à travers la France-28

J'ai trouvé une chambre, un peu plus loin, où nous pourrons nous reposer le temps qu'il faudra. Fort de cette nouvelle réconfortante, j'entonne un chant remontant à mon enfance que Karel ponctue par quelques variations fort peu mélodieuses. J'en oublie mes soucis !

Nous sommes là, marchant sur le bord d'une route en bordure de forêt, quand une voiture se range sur le bas-côté, à quelques mètres devant nous, bloquant le passage. Je peste !

— Ils pourraient pas se garer ailleurs !

Et puis, tout s'enchaîne très vite. Deux personnes en sortent, amicales et souriantes. Elles se dirigent dans notre direction, nous saluant chaleureusement, s'inquiètent de notre état. Quelle allure nous devions avoir à ce moment-là, engoncés dans nos ponchos, tirant notre carriole, les traits tirés par une nuit trop brève !

Nous sommes déjà partis depuis cinq matins et commençons à prendre nos marques dans notre nouvelle vie. Une vie où ce que nous connaissions se dérobe à nous chaque jour comme un souvenir lointain. Le temps s'est étiré, semblant faire de cette poignée de jours une éternité. Déboussolée, il me faut quelques secondes pour reprendre mes esprits. Et puis je sors enfin de cet état second. Armelle ! Hugues ! Depuis quand ne les avais-je pas vu ?

Je me tourne vers Karel qui reste interloqué, et lui présente ma grand-tante Armelle et son compagnon. Informés de notre voyage, et de ma tendinite, par un papa inquiet, ils ont sauté dans leur voiture pour nous retrouver, tels des pisteurs, quelques kilomètres après Cîteaux. Nous sommes conduits chez eux, à une vingtaine de kilomètres du lieu du « rapt », et chouchoutés pendant toute la journée. Randonneurs accomplis, ils comprennent immédiatement nos besoins : séchage de nos affaires, lessive, repos... L'après-midi, Armelle m'accompagne à la pharmacie pour m'aider à dénicher une pommade appropriée, tandis que Karel part avec Hugues acheter une nouvelle tente pour remplacer celle qui nous a fait défaut ! Ceci accompli, le soleil ayant finalement fait place nette dans le ciel, ils nous installent au bord de leur piscine pour savourer une fin d'après-midi relaxante. Nous lézardons ainsi quelques temps, laissant nos muscles se détendre.

Voyage de Noces à travers la France-29

En secret, Armelle, Hugues et Karel m'ont concocté une surprise. Mes parents arrivent pour passer la soirée avec nous. C'est vrai que nous avons l'impression d'être loin de chez nous, mais deux heures de voiture leur suffisent à nous rejoindre. Nous avons le plaisir de partager un repas improvisé, tous ensemble. Moment inoubliable et émouvant qui me reconnectera, l'espace d'un instant, à ma « vie d'avant ».

Le lendemain matin, la famille nous accompagne à l'endroit où nous avions été kidnappés la veille. Portés par les encouragements, nous nous relançons dans l'aventure, les plaies pansées et le cœur comblé.

L'un et l'autre vivons ce moment comme un deuxième départ, avec un curieux pincement au cœur, indéfinissable, peut-être dû au fait d'avoir revu mes proches avant d'avoir déjà eu le temps de leur prouver quelque chose. Les quitter une seconde fois est un nouveau déchirement.

En fin de matinée, nous pénétrons dans Nuits-Saint-Georges, charmante ville tenant sa renommée de ses célèbres vignobles. Après une longue pause dans un parc, nous traversons un paysage vallonné, nappé de vignes à perte de vue. Un plaisir pour les yeux, se méritant au prix de quelques ascensions qui, pour être modestes, n'en sont pas moins les premières de notre promenade !

L'orage menaçant à nouveau, c'est avec soulagement que nous trouvons une chambre à Arcenant, petit village dont les rues serpentent à flanc de colline dans le domaine des Hautes-Côtes de Nuits. Privés de sommeil avant Cîteaux, les corps se rebellent, nous imposant une longue sieste et un coucher précoce. Le sommeil après l'effort n'est jamais usurpé. Il se savoure pleinement, décuplant le sentiment de bien-être.

Le lendemain, nous quittons notre route des vins pour rejoindre le canal de Bourgogne, à Pont d'Ouche. Dépaysement total ! Sur le chemin de halage, nous n'avons plus l'impression de marcher, mais plutôt de flâner, portés d'écluse en écluse au rythme lent des bateaux de plaisance. Chaque maison d'éclusier révèle un décor différemment (thèmes artistiques, bricolage, vieilles machines agricoles...). Nous croisons des cyclistes de tous âges et de toutes

Voyage de Noces à travers la France-30

nationalités, nombreux à profiter de ce cadre idyllique. Un couple d'allemands, aux sourires avenants, s'accorde une pause photo devant une coquette péniche. Nous faisons de même et entamons la conversation. L'homme parle un français excellent qu'il n'a de cesse d'enrichir. Au fil de la discussion, il nous met en garde concernant les hébergements dans ce secteur. L'endroit est couru, en particulier le week-end ! Eux-mêmes ont eu des difficultés à en trouver. Sitôt alerté, Karel décide de s'occuper de nous trouver un toit. Affaire rondement menée, car après avoir essuyé plusieurs échecs il tombe sur un hôtelier de Vandenesse, village situé six kilomètres plus loin. Il lui reste des chambres et nous en réserve une. Parfait ! Nous pouvons prendre notre temps.

— Ah ces allemands ! Ils nous auront effrayés pour rien !

J'en suis pourtant à de toutes autres considérations. Longue voie dégagée, parsemée de rares arbres, le canal offre en effet par endroit peu d'intimité pour les envies pressantes. D'autant qu'une route le surplombe, exposant aux automobilistes une vue plongeante sur le désappointement du marcheur dans le besoin.

Les voitures passent au loin et semblent me narguer tandis que je maudis le soda acheté à Pont d'Ouche. Je partage mon lourd secret avec Karel qui, conscient de l'urgence, me propose une solution. Entre deux passages de cyclistes, il me dissimulera de la route à l'aide de son large poncho déplié. Par d'ostensibles gestes, il pourra même feindre de secouer l'habit de pluie pour me permettre de passer totalement inaperçue. Sa proposition serait sujette à discussion, mais l'appel de la vessie voit s'effondrer toutes mes défenses. Alea jacta est ! Le poncho est déplié ; je baisse mon pantalon et savoure la délivrance. Derrière moi, un beuglement me met en alerte. Un troupeau de vaches, effrayé par le spectacle, choisi une fuite désordonnée.

A l'avenir, nous ne croiserons plus un regard bovin sans repenser à cette scène !

Voyage de Noces à travers la France-31

Vers 18h nous arrivons à Vandenesse, fourbus suite à cette longue étape, mais l'esprit léger à l'idée du bon lit qui nous attend. Nous entrons dans le premier magasin croisé :
— Bonjour, nous cherchons l'hôtel ?
— L'hôtel ?! Il n'y a pas d'hôtel ici !
— Mais si, j'ai appelé pour réserver. L'hôtel de la gare !
— Vous faites erreur, il n'y a pas de gare non plus !

Bravo Karel ! Nos rêves de nuit tarifées s'effondrent, tout comme nos sourires de circonstance. Nous comprendrons plus tard avoir confondu avec un autre Vandenesse, situé dans la Nièvre. Ici, dans notre Vandenesse, la situation se révèle telle que nous l'avait décrite notre interlocuteur allemand. Tous les hébergements sont pleins, et les rues vides. Déjà épuisés, nous devons traverser le village en long et en large pour tomber nez à nez avec des portes closes. Et le temps qui vire à la pluie !

Heureusement, in extremis, nous trouvons une chambre d'hôte, certainement la dernière disponible. Une suite grand luxe, à la décoration bleu et blanche soignée, digne d'une nuit de noces. Une semaine tout juste s'est écoulée depuis notre mariage. Il se rappelle à nous dans ce cadre idyllique.

Après de longues douches décontractantes, nous entamons nos réserves de rillettes de saumon, accompagnées de chips. Il ne manque plus que le champagne !

Au petit déjeuner le lendemain, nous sommes agréablement surpris de retrouver le couple d'allemands qui a finalement dormi sous le même toit. Ils découvrent avec nous le bonheur communicatif de nos hôtes, chez qui nous nous attardons plus que de coutume. Entre deux tartines de confiture maison, nous apprenons tout de leur rencontre, digne d'un roman à l'eau de rose, de leur vie et de leurs projets.

Reprendre la route n'en est pas moins difficile. Dès les premiers pas, courbatures, ampoules et douleur à la cheville redeviennent nos plus fidèles partenaires. Mais elles ne gâchent pas l'envie de progresser. Une volonté farouche nous pousse en effet de l'avant, chaque jour, vers ce chemin dont on nous a tant parlé : Compostelle. Là-bas, nous avons l'espoir de trouver des compagnons de route pour partager avec eux nos galons de marcheurs.

Etape phare, Vézelay nous attire imperceptiblement comme un aimant. Nous ne connaissons ni l'un ni l'autre cette petite ville dont on nous a vanté le charme. Mais y parvenir serait déjà un exploit pour des novices comme nous, qui ressentons profondément le besoin de cette première victoire, sans laquelle nos efforts ne pourraient avoir de sens.

Comme un signe venu nous stimuler, nous découvrons aux abords de Pouilly-en-Auxois, fixé sur le tronc d'un arbre, une balise destinée aux pèlerins de Saint-Jacques. Cette coquille stylisée, en bleu et sable d'or, nous procure une joie enfantine, comme l'indice originel d'une chasse au trésor. Un évènement méritant d'être fêté ! Le soir, nous nous offrons donc le luxe d'un restaurant. Au diable le régime sandwich et tartine, qui a tendance à se répéter trop souvent ! Et vive la bonne chair, raffinée et revigorante, carburant redoutable du routard ! Nous avions d'ailleurs été prévoyants en mettant de côté depuis des mois des chèques-restaurants, fournis par l'employeur, en vue de ces petits plaisirs de la route. Nous les tendons d'une main confiante au moment de régler la note... Pour les voir sèchement refusés ! Notre lent travail de collecte aura finalement été vain, car la plupart des tickets avaient passé leur date d'expiration. Coup dur dans nos finances !

Finalement, les sandwichs et les tartines, ce n'est pas si mauvais : tout dépend ce que l'on met dedans...

Mais cette mauvaise nouvelle n'est là qu'en éclaireuse, annonçant d'autres évènements plus dommageables pour le moral. En effet le lendemain, en me massant les jambes à l'occasion d'une pause, je perçois le contour douloureux d'une boule au niveau d'un tendon. Aïe ! Cela m'inquiète. L'étape est longue, parsemée de dénivelés qu'une forte chaleur n'aide pas à affronter sereinement. Karel veut absolument m'aider en prenant le wheelie dans les montées. J'ai du mal à l'accepter, c'est mon « fardeau » et je dois le porter ! Mais il finit par me convaincre et je cède. Cela nous permettra de progresser.

Nous arrivons toutefois sans trop de peine à Thoisy-la-Berchère où nous avions listé plusieurs hébergements. Mais aucun n'est disponible. Les beaux chalets-gîtes sur lesquels nous lorgnions ne veulent pas s'ouvrir à nous pour une unique nuit. J'ai beau insister, implorer pitié pour nous autres, pauvres marcheurs solitaires. Rien n'y fait ! Je maudis les propriétaires. Pas d'autre choix que de continuer. Saulieu nous accueillera sans aucun doute, mais contre quatre longues heures de marche supplémentaires ! Le mental en prend un coup ; Le corps se met au diapason. La souffrance s'intensifie à chacun de mes pas tandis que nos réserves d'eau s'amenuisent. Nous venons en effet de pénétrer en Morvan, qui en bien des endroits se révèle un véritable désert démographique : un avant-goût de nos futures étapes...

Les deux gourdes d'un litre, remplies à Thoisy sont vidées rapidement sans trouver depuis d'autres points de ravitaillement. Nous vivons à ce moment un isolement que jamais nous n'aurions pensé endurer en France. A deux reprises je dois m'allonger, victime de vertiges. L'insolation vient s'ajouter à la tendinite pour tenter de me faire capituler. Mais l'idée ne me traverse pas l'esprit. Je veux juste arriver, coûte que coûte.

La moindre parcelle d'ombre est mise à profit pour s'accorder des pauses, de plus en plus longues. Et enfin, une maison, aux abords d'un quartier résidentiel, annonce le retour à la civilisation. Une famille prend l'air dehors, heureuse de profiter de ce soleil qui nous fait tant souffrir.

Voyage de Noces à travers la France-35

Karel leur demande de l'eau. Ils remplissent nos gourdes que nous nous empressons de porter à nos lèvres. Immédiatement, nos corps desséchés reprennent vie, gonflant nos chairs de ce liquide miraculeux, et rendant provisoirement à nos muscles leur tonus et leur souplesse ! Nous pourrons affronter les derniers kilomètres, collés contre les rambardes de sécurité d'une nationale, oppressés par le ballet infernal des camions... C'est aussi ça la civilisation !

Nous découvrons Saulieu, ville dont Bernard Loiseau a fait la renommée, en début de soirée, mais à quel prix ! Il faudra passer à la caisse dès le lendemain. Le verdict, prononcé par un médecin, est sans appel : ma tendinite nécessite trois jours de repos minimum. Quelle guigne ! Nous les passerons dans le camping municipal, sous un ciel aussi maussade que nos humeurs. Quand le seul défi de notre aventure consiste à avancer toujours plus loin, faire du sur-place est une torture de tous les instants, surtout pour moi qui culpabilise.

Toutefois, grâce aux messages laissés sur notre blog, nous recevons des encouragements de notre entourage qui nous aide à traverser cette épreuve. Seuls au milieu de ce camping attendant encore ses premiers vacanciers, nous repensons aux promesses faites avant le départ. « Nous irons jusqu'au bout, coûte que coûte, quitte à nous arrêter le temps qu'il faudra en cours de route ! » Heureusement que nous avions envisagé cette éventualité en mûrissant notre projet. Cela nous aide à patienter, tandis que ma cheville dégonfle petit à petit.

Après trois jours de repos complet, et un ultime test d'effort concluant, nous choisissons de mettre fin à la trêve, et visons à nouveau des étapes courtes pour l'avenir. La pluie vient saluer notre décision, nous accompagnant de Saulieu à Saint Agnan, petite bourgade installée au bord d'un lac artificiel, où nous posons bagage après treize kilomètres réalisés sans trop de difficulté. Inutile de tenter le diable en allant au-delà ! Mieux vaut offrir au corps le repos qu'il mérite pour nous avoir conduit jusqu'ici. Nous le récompensons d'un bon dîner dans le seul restaurant du coin. Ainsi dopé, nous avalons le lendemain quinze petits kilomètres qui nous conduisent à Quarré-les-Tombes où la raison, encore une fois, nous convainc d'arrêter.

Ces étapes me redonnent confiance, ma cheville ne se manifestant plus aussi intensément qu'avant. Karel tient à me soulager parfois du wheelie, ce qui permet de reposer les tendons, toujours plus sollicités lorsqu'on tire un poids, en particulier dans les montées.

Forte de ce moral raffermi, nous nous retrouvons le soir, carte déployée sur le lit, à étudier le parcours du jour suivant. Vingt-cinq kilomètres nous séparent de ce phare que Vézelay représente pour nous. Il brille dans nos têtes, au point de nous attirer dangereusement. N'avions-nous pas convenu de nous réfréner ? L'un comme l'autre nous endormons sans avoir clairement fixé cet objectif pour le lendemain. Karel ne veut pas me mettre de pression. Quant à moi, je préfère ne pas présumer de l'état de ma cheville. Nous verrons sur la route !

A 7H30, nous sommes sur la place du village, prêts pour le départ. Je détourne le regard des sinistres cercueils de pierre, vides, exhumés pour être exposés au plus près de l'église. Leur proximité m'a provoqué la chair de poule dès notre arrivée, et m'encourage ostensiblement à mettre le cap au large. Ainsi encouragés, nous descendons prestement la colline sur laquelle Quarré-les-Tombes s'est édifiée, pour découvrir peu à peu le paysage où vont nous guider nos prochains pas. Par ses courbes harmonieuses et ses touches de couleurs, si douces à l'œil, une vraie quiétude se dégage de ces terres soigneusement entretenues par l'homme. Les hameaux traversés sont comme des oasis où nous marquons des pauses dictées par la seule volonté de faire durer le plaisir. Notre objectif est à portée de main, même s'il se dérobe encore à nos yeux. Chaque tournant, chaque bosse franchie, est l'occasion d'espérer cette vision. Et puis, un monticule, au loin, très au loin, semble nous interpeller plus qu'un autre. Si j'avais du construire une basilique, au milieu de ce décor, c'est là que je l'aurais plantée. Ça ne peut être que Vézelay ! Oui Vézelay ! Sans jamais l'avoir vu, nous sommes tous deux certains de toucher au but... Enfin !

Une pancarte routière confirme nos présomptions. Impossible de s'arrêter maintenant ! Au diable les ampoules et les chevilles geignardes, Vézelay nous appelle, là-haut sur sa colline ! Je ne sais pas si c'est une hallucination due à la chaleur, mais je vois planer une sorte de voile blanc sur fond de ciel bleu, qui me fait penser à une apparition. Le mysticisme du lieu s'y prêterait volontiers. J'en parle à Karel qui ne voit qu'une banderole arrachée par le vent. Je préfèrerais garder un peu de mystère autour de cette vision.

A ses pieds se love Saint-Père, que nous atteignons sans peine. Son camping, au bord de la Cure, nous tend les bras, mais la basilique est si proche qu'il serait dommage de remettre au lendemain sa visite. Sans appréhension, nous commençons donc l'ascension du relief tant convoité, par la route principale. Mais très vite, ces derniers mètres, sous la canicule s'avèrent extraordinairement ardus, nos quatre jambes refusant simultanément d'avancer, comme autant d'ânes têtus. Chaque pas est un véritable calvaire, alors que le ruban d'asphalte s'allonge derrière chacun des virages. Preuve que le mental joue beaucoup dans ce genre d'effort ! Nos esprits s'étaient déjà conditionnés pour le repos du guerrier, n'anticipant pas cette dernière grimpette. Dur, dur !

Nous franchissons tout de même les portes de la cité, fourbus, mais déjà revigorés par notre (modeste) exploit. 230 km parcourus depuis notre mariage. Une mise en jambe au regard de ce que l'on compte accomplir, mais une première victoire, symbolique, après nous être frottés un peu au quotidien des marcheurs, les vrais, qui nous ont ouvert la voie.

Nous sommes le dimanche 29 mai, jour de fête des mères. Nos mamans, que nous ne manquons pas de joindre à la première occasion, font de notre joie la leur.

En flânant dans les ruelles abruptes de Vézelay, nous nous sentons enfin porteurs d'une certaine légitimité dans notre démarche. Avant ce moment, nous pressentions les railleries ou l'excès de condescendance lorsqu'il était question de notre aventure. En sont-ils capables ? Se rendent-ils compte de ce qu'ils veulent faire ? Ou, bon courage les doux rêveurs, la réalité vous rattrapera ! Ces réactions, mêmes informulées, nous accompagnaient à chacun de nos pas, comme un boulet dont nous pouvions enfin nous délier.

Qu'elles étaient légères nos nouvelles foulées !

Comme nous, quelques touristes déambulent sur la grande rue pavée grimpant jusqu'à la basilique, profitant du charme des belles demeures plusieurs fois centenaires. Ils semblent avoir remplacé les pèlerins, qui choisissent pour la plupart de s'orienter vers la voie du Puy-en-Velay.

Un peu plus tard, pénétrant dans la basilique, véritable phare nous ayant guidé toute la journée, nous sommes submergés d'émotions que nous ne pourrions définir, transportés par la beauté simple et majestueuse de la nef, et par la multitude de destins s'y étant frottés. Se mouvoir dans un tel lieu peut faire chavirer ses croyances. Ici, insidieusement, nous nous retrouvons adoubés et rejoignons sans l'avoir jamais ambitionné, la communauté millénaire des pèlerins.

Notre voyage prend un tout autre sens, une nouvelle ampleur.

Vézelay est l'occasion d'une pause. Nous avons prévu d'y rester une journée afin d'en goûter les charmes et de planifier la suite de notre voyage. Le temps aussi de recharger des batteries toutefois pas aussi à plat que les pneus du wheelie. L'une des chambres à air est en effet hérissée de petits clous (sont-ce ceux de la Sainte Croix ?) collectés probablement dans les derniers mètres de l'étape. Mauvaise fortune ! Après une délicate intervention, nous restons toute la nuit au chevet de notre compagnon de route, pour le voir rétabli au matin, gonflé à bloc pour un nouveau départ. Mais le prochain itinéraire est, lui, source de questionnement après une entrevue avec un bénévole de l'association des Amis et Pèlerins de Saint-Jacques. Il nous présente avec ferveur la voie de Vézelay, rejoignant aussi Saint-Jean-Pied-de-Port, mais en passant par Bourges ou Nevers, Saint-Léonard de Noblat et Périgueux. Une voie plus délaissée, donc moins propice aux rencontres, et moins intéressante aussi dans la typicité de ses paysages, aux dires des pèlerins multi-récidivistes. Mais les imprévus, physiques ou financiers, des derniers jours impliquent de nous interroger sur le choix d'un itinéraire un peu plus court, et mieux pourvu en hébergement bon marché que la route menant de Vézelay au Puy-en-Velay. L'idée, séduisante, nous accompagne un temps, alors que nous parcourons la vaste terrasse ombragée située derrière la basilique, révélant un tableau unique des terres vallonnées environnantes. Les deux solutions se mélangent dans mon esprit, la voie de la raison contre la voie de la persévérance. Mais un besoin profond, inexprimable, me fait basculer la première vers notre parcours initial.

— Cela m'ennuierait de passer à côté du Puy.

Karel a du mal à se décider. Comme moi, il craint le désert démographique nous séparant du Puy-en-Velay, et dont nous avons eu un aperçu jusque-là. Mais ma détermination finit par l'emporter.

— C'est vrai, tu as raison ! On s'arrangera pour parcourir au plus vite les prochaines étapes. Quitte à se faire aider si besoin.

Le soir, en préparant nos affaires, nous remisons au fond du wheelie les 775g (!) du guide Vézelay-Saint-Jean-Pied-de-Port acheté un peu précocement auprès de l'association jacquaire. En planifiant notre trajet du lendemain, nous nous trouvons tout de suite confrontés aux difficultés identifiées depuis notre entrée dans le Morvan. Le GR que nous concevions d'emprunter offre peu de gîtes d'étapes, tous étant très espacés. De plus, malgré de multiples tentatives, il s'avère impossible de joindre le premier. Inutile de prendre le risque de trouver porte close, d'autant que le temps est toujours incertain. Nous nous rabattons donc sur un autre itinéraire impliquant une longue marche jusqu'à Lormes.

Tôt le lendemain matin, nos premiers pas sont ceux du martyr et non du pèlerin. Sous une pluie généreuse, nos jambes nous font comprendre rapidement le peu de goût qu'elles ont pour les journées de relâche. Nous l'apprenons à nos dépens, garder des muscles vaillants est une question de rythme. Pas de temps morts, des efforts réguliers et raisonnables, voilà la clé du succès ! Une course d'endurance en quelque sorte.

Pour l'heure, pieds et genoux crient grâce l'un après l'autre. C'est la première fois me semble-t-il que je vois Karel en baver autant. Nous alternons pauses, haltes, arrêts et escales à une cadence soutenue, à tel point que les quelques bancs disséminés sur le parcours ne sont pas assez nombreux pour les accueillir. Qu'à cela ne tienne, les souches d'arbres fraîchement coupés, les margelles de pont ou même encore l'herbe humide suffisent à nous satisfaire. Nous souffrons en silence les yeux déjà rivés sur notre prochain objectif, Le Puy.

A midi, nous pénétrons à Bazoches, petit village de la Nièvre ayant vu naître Vauban. Un écriteau nous incite fièrement à venir admirer sa tombe. Avouons-le, cette visite morbide nous enchante guère, mais c'est pour nous la promesse d'un abri ou d'un accueil près à satisfaire les besoins du touriste de passage. Peine perdue, rien ici à part un banc ! Le village est vide, triste à pleurer sous cette pluie battante, et nous n'avons toujours rien avalé de chaud depuis la veille. La misère du monde sur nos épaules, nous tirons du sac deux morceaux de pain aux céréales, que nous nous empressons d'avaler avant qu'ils ne se gorgent d'eau. D'innombrables gouttelettes viennent marteler bruyamment nos capuches. Inutile de confier à l'autre son marasme. De toute façon, on ne s'entendrait pas ! Les jambes un peu reposées, nous reprenons machinalement la route, au milieu de champs s'étalant à perte de vue. Malgré le temps maussade, nous percevons tout de même la beauté des paysages, ses douces ondulations aux couleurs tranchées, variant au fil des récoltes. Mais jusqu'au soir, qui voit notre arrivée à Lormes, nous ne croiserons pas une seule âme !

Dans cette petite ville morvandelle, nous recevons un accueil des plus chaleureux, à l'office du tourisme, où Marielle nous renseigne avec beaucoup de dévouement. Cerise sur le gâteau, le petit hôtel que nous convoitons n'étant pas encore ouvert, elle nous installe dans de confortables fauteuils et nous propose une tisane. Divin ! De la chaleur de la boisson ou de l'accueil, je ne sais pas ce qui nous aura le plus réchauffé !

Le matin suivant, nous profitons des commerces de Lormes afin de constituer de copieuses provisions. Marielle nous a prévenus que nous n'en croiserons pas de sitôt ! La mise en route est difficile mais le corps est plus clément, reprenant déjà son rythme de croisière.

C'est ici, dans le Morvan, que notre vie sociale va prendre un tournant décisif. Faute de bipèdes avec qui partager quelques mots, nous en venons peu à peu à jeter notre dévolu sur la moindre créature douée de vie. Vache, mouton, cheval, peu importe. Que l'un d'eux s'approche d'une barrière pour saluer ce drôle de couple de marcheurs nous suffit à leur ouvrir nos cœurs. Ils ont tous droit à un salut, une attention ou une caresse, et nous nous convainquons qu'en retour, eux aussi goûtent le plaisir de ces rencontres. Après ce genre d'échanges privilégiés, le steak dans notre assiette perdra une partie de sa saveur.

A 16h, nous atteignons Montigny-en-Morvan, village battu par les vents au sommet d'une colline, offrant une magnifique vue panoramique sur le parc naturel. Récompense dont nous savons apprécier la beauté. La nature est plus que jamais au centre de nos attentions !

Château-Chinon apparaît le lendemain comme un court intermède civilisé, durement mérité tout de même, car atteindre le cœur de la cité se réalise au prix d'une interminable ascension. Mais que faire dans une ville, équipés comme nous le sommes ? Impossible d'errer dans les rayons d'un magasin ou les couloirs d'un musée accompagné de notre wheelie. Inconcevable aussi de l'abandonner à la porte, même tenu en laisse. Et que dire des regards, mi-interrogateurs, mi-suspicieux que nous croiserons constamment à l'approche des villes. Parfois même, il nous arrivera de recueillir un « non » effarouché avant même d'avoir fini de poser une question. Cette réaction, rare soyons honnêtes, est comme une gifle reçue, nous éloignant un peu plus de nos anciennes préoccupations. Nous devons nous résoudre à être exclus du monde que nous connaissions.

Soit ! Remettons donc un pied devant l'autre.

Un peu plus loin un centre équestre lâche dans la nature une troupe de cavaliers avec qui nous échangeons cordialement quelques mots et sourires. Notre attelage nous rend apparemment sympathique à leurs yeux, et fait l'objet de quelques photos souvenirs.

Ils se dirigent comme nous vers Moulins-Engilbert, prévoyant de traverser la forêt s'étendant à flanc de colline, au sortir de la ville. Ils nous dépassent un à un pour disparaître rapidement, au petit trot, avalés par la première rangée d'arbres. Jamais nous ne les reverrons, et pourtant, jamais nous ne leur serons assez reconnaissants de nous avoir, involontairement, sauvés d'une issue dramatique.

En nous enfonçant dans cette forêt, nous perdons en effet prématurément nos repères, le balisage devenant confus suite aux imposants travaux forestiers entrepris sur cette parcelle. De multiples chemins provisoires, façonnés par le passage d'engins de chantier, s'éparpillent dans toutes les directions, formant un immense labyrinthe où il est impossible de discerner le sentier primitif. Par-dessus le marché, des repères initialement cloués aux troncs ont du disparaître, victimes de leur récent arrachage. Les carrefours se succèdent donc, nous laissant à chaque fois deux, trois voire quatre chemins possibles. Casse-tête inéluctable, qui peut rapidement nous conduire à plusieurs kilomètres de la destination souhaitée, au plus profond d'une forêt révélant ici ses plus sombres aspects. Les peurs primitives refont surfaces. Notre esprit, fécondé dès le plus jeune âge par la prose enfantine des frères Grimm ou d'un Charles Perrault, échafaude tout de suite les pires scénarii. Sommes-nous destinés à errer sans fin au milieu de ce monde fantasmagorique ? L'étau se resserre peu à peu autour de nous, nous laissant à la merci des chimères de notre enfance.

Et puis enfin, l'éclaircie apparaît, sous la forme d'un nuage bourdonnant de mouches voletant en escadrille. Ces créatures providentielles se repaissaient d'une offrande encore toute chaude laissée par la monture d'un des cavaliers. Divin présent dont nous profitons également. Dans la nature, rien ne se perd ! Ainsi, tels des Petit Poucet du vingt-et-unième siècle, nous remontons peu à peu la piste de nos prédécesseurs et de leurs chevaux, fort heureusement bien nourris.

Notre conte de fée s'achève une heure plus tard, retrouvant la route de Moulins-Engilbert où nous passerons la nuit à rêver de notre héroïque exploit.

Autre jour, autre épreuve... Décidément, la thématique faunique est omniprésente sur cette portion de notre aventure !

Je me souviens qu'avant notre départ, Karel m'avait fait part de sa seule et unique angoisse face aux épreuves qui nous attendaient, une phobie irraisonnée pour les reptiles rampants de toutes espèces. N'étant pas aussi affectée à l'idée de ces rencontres (peut-être parce que je ne m'y étais encore jamais vraiment confrontée), j'avais trouvé touchante cette petite faiblesse qu'il me dévoilait. Et jusqu'à ce jour, j'avais même à multiples reprises ouvert hardiment la marche, sur certains sols empierrés nimbés de soleil, lui ôtant par cet acte de bravoure le poids de quelques tourments. J'étais heureuse de pouvoir le faire pour lui.

Ce jour pourtant, cheminant en bord de route sous une chaleur étouffante, nous nous approchons tranquillement de Lanty, au terme d'une longue étape. Un frémissement attire mon attention, provenant du bas-côté mal entretenu. Je détourne la tête sans penser à mal, remarquant une forme noire lovée en spirale qui, aussitôt, se déroule pour se soustraire à mes yeux. Je n'ai pas encore analysé la situation que d'une bourrade appuyée, Karel me pousse au milieu de la route –geste peu prudent s'il en est, mais il me garantira s'être assuré qu'aucune voiture ne venait en face. De toute façon il était mû par des réflexes de survie que rien ne pouvait contrôler.

Au demeurant, il ne s'agit pourtant que d'une épreuve banale pour le commun des marcheurs. Mais à partir de là, j'en viens à réaliser que ces bestioles étaient aussi pour moi source de frayeurs, et dans les minutes qui suivirent, chaque frôlement, chaque bruit suspect provenant des fourrés nous firent détaler comme deux enfants apeurés d'un côté à l'autre de la route. Karel, jouant un peu tard son rôle de preux chevalier, tentera toutefois de masquer sa frousse derrière quelques belles affirmations tenant plus de la rhétorique :

— Pas d'inquiétude ! Il suffit de taper le sol pour les effrayer.

Mon œil ! On verra plus loin combien cette affirmation est tout sauf loi inébranlable. Ou encore :

— Les petites bêtes ne mangent pas les grosses.

Et alors, tu n'en mènes pas large non plus toi ! Me dis-je. Mais il insiste, peut-être pour mieux nous confronter à notre propre sottise :

— De toute façon, elles sont plus effrayées que nous.

Pourtant, ça n'est pas ce qui saute aux yeux, gros malin ! Tu ferais mieux de garder pour toi tes salades !

Et pour parfaire le tableau, l'inénarrable wheelie fait aussi des siennes, finissant l'étape sur ses jantes. En définitive cette journée de marche, par ailleurs interminable, ne figurera pas parmi nos meilleurs souvenirs. Cependant, l'accueil de Louisette dans le gîte de la mairie de Lanty vient effacer les mortifications de la journée. Et tout comme nous, Wheelie se remet vite des déboires du jour.

Avec notre hôtesse, nous listons les possibilités de logement pour la suite du parcours, mais l'affaire est toujours aussi complexe. Nous n'avons pas quitté le Morvan !

Finalement ce sera Cronat et son hôtel des Voyageurs, puis Bourbon Lancy où mes jambes réclament une nouvelle halte. Karel est inquiet de me voir ainsi peiner et craint de devoir mettre un terme à notre voyage. Mais la chance nous sourit car cette belle ville thermale offre toutes les infrastructures pour soigner mes articulations douloureuses.

Profitant de l'aubaine, je mets sur pied un programme de choc pour endiguer le problème. Bain à remous, douche à jet et massage kinésithérapeutique. Le traitement s'avérera efficace car plus jamais je ne me ressentirai autant handicapée par une cheville ou un genou récalcitrant. Si le mal, plus supportable, reviendra par moment, ce ne sera plus au point d'imposer de nouvelles trêves médicales.

Féru de vieilles pierres, Karel préfère quant à lui les charmes de la vieille ville aux bienfaits thermaux. Le cœur de la cité conserve en effet quelques maisons à colombages parfaitement conservées, et de beaux restes architecturaux hérités d'un lointain passé médiéval.

Bourbon Lancy déploie ses charmes de vieille cité thermale pour nous offrir cette courte récréation.

Le lendemain nous voit pénétrer en Auvergne, près de Diou. La troisième région de notre voyage, après la Franche-Comté et la Bourgogne. Au rythme du randonneur, chaque frontière franchie se vit comme une récompense et la promesse de nouveautés, voire d'exotisme. Les paysages changent, plus verdoyants, tandis qu'au loin se dessinent les premiers contreforts du Massif Central. Petit à petit les dénivelés augmentent aussi, mais l'entrainement des premières semaines nous permet de les surmonter. Ampoules et tendinites sont déjà de lointains souvenirs, vite oubliés.

Deux longues étapes d'une trentaine de kilomètres se succèdent après Bourbon, nous conduisant à Saint-Léon, puis à Droiturier. C'est dans ce petit village, sans grand intérêt sinon celui d'abriter une chambre d'hôte, que « la vraie vie » se rappelle brutalement à nous.

Avant notre départ, en effet, pour parfaire nos plans un peu fous, nous avions signé l'achat d'un appartement à La Rochelle, lieu prévu de notre arrivée, en espérant pouvoir y poser nos valises à l'issue de l'aventure. Ayant vendu notre maison dans les dernières semaines, le projet s'était bouclé dans la précipitation (l'appartement fut acheté à distance, sur photos) et nous avions du partir sur les chemins sans confirmation que le financement serait accepté. Mais toutes les démarches nécessaires avaient été faites et le courtier nous ayant trouvé une banque charitable avait juré ses grands dieux que nous pouvions partir l'esprit tranquille. Il ne restait plus qu'à attendre la réception des offres de prêt (dans une ville de notre choix située sur le parcours) pour les signer.

Une affaire un brin tiré par les cheveux, mais finalement rondement menée !

Toutefois ce jour-là, la machine s'enraye. Nous n'avons toujours pas de nouvelles de nos offres de prêt tandis que la demande est partie depuis maintenant plusieurs semaines. L'inquiétude commence à prendre des proportions d'autant plus importantes que notre contact auprès de la banque ne donne pas signe de vie. Pour ajouter un peu de piment, si c'était nécessaire, le notaire, de son côté, nous presse de lui transmettre les fameuses offres, nous mettant ainsi au pied du mur.

Notre achat allait-il pouvoir aboutir ? Plus grave encore, allait-on se retrouver à la rue au bout de notre périple ?

Ainsi, loin de tout, ce cinglant retour à la réalité nous gâche des journées de marche qui auraient pu être magnifiques.

Ce soir-là donc, à Droiturier, nous envisageons sérieusement d'interrompre notre aventure, le temps d'aller régler cette affaire sur place. Une solution qui nous fendrait le cœur... Retrouverait-on après la motivation pour repartir, alors que nous commençons à nous sentir si bien dans cette vie nomade ?

La tête ailleurs, dans la salle à manger de notre hôtesse, nous sirotons la boisson qu'elle nous a aimablement offerte, l'écoutant raconter, d'une oreille lointaine, la vie des nombreux animaux l'entourant au quotidien. En effet, depuis notre arrivée, nous avons pu apprécier son étonnante ménagerie qui, outre les traditionnels chiens et chats, comprend poules, paons, pigeons, tortues, perroquet et dieu sait quelles autres créatures. Le divertissement qu'elle nous procure ne parvient toutefois pas à nous détourner du choix terrible qui s'offre à nous. Jour après jour, nous avons repoussé ce moment, mais tout nous pousse à cet instant à prendre une douloureuse décision.

Portés par un dernier espoir, nous remettons au lendemain la sentence. Il est si dur de s'arracher à une telle aventure ! Le matin, nous n'avons toujours aucune nouvelle, malgré les nombreuses relances. Dans cette situation de crise, nous avons lancé un ultimatum au courtier. Sans réponse de lui d'ici 10h nous nous passerons de ses services et rentrerons. Mais en attendant, quoi de plus frustrant que de rester sur place. Nous choisissons de reprendre la route, peut-être pour les derniers kilomètres. A 10h, toujours rien. La colère monte en nous. Quelle déception ! Notre hôtesse de la veille, nous voyant dans le désarroi, avait proposé de venir nous chercher sur la route si besoin était, pour nous conduire à la gare la plus proche. Touchante proposition, que nous espérions pouvoir décliner. Mais le destin en veut autrement. Nous revenons sur nos pas, sombres comme au plus mauvais jour et la boule au ventre, afin de rejoindre une route fréquentée. Le plus triste souvenir de notre voyage.

Sur le bord de cette route nationale aux odeurs de gazole, où les moteurs grondent comme de perpétuelles menaces, une dernière tentative me permet d'avoir le courtier au téléphone. Enfin ! Tu vas payer mon coco ! Je décharge sur lui tout mon courroux ! Ne pouvait-il pas nous tenir au courant ! Puis je tends le portable à Karel qui, plus calme, finit avec lui la discussion. Il veut se montrer rassurant, nous assure que ce n'est qu'une question de jour. La banque est débordée, voilà tout.

Un conseil de guerre se met en place, à l'ombre d'un abri bus. Avec deux voix pour et une abstention (Wheelie, désabusé, préfère ne pas s'exprimer), décision est prise de ne pas encore regagner notre terre natale.

Mais l'alerte a été rude. L'épisode a laissé des traces. Rien n'est encore assuré. Il nous reste cinq jours de marche normalement avant d'atteindre le Puy-en-Velay, cinq jours à travers une zone dépeuplée, où il sera difficile de trouver un transport si nous devons regagner d'urgence la civilisation. Et puis, quelque chose s'est fragilisé en nous. Nous avons vraiment besoin de retrouver la flamme. Après moult réflexions, nous décidons de rejoindre au plus vite le départ du chemin de Compostelle au Puy. Les incertitudes administratives, l'isolement parfois pesant ressenti dans le Morvan, les hébergements difficiles à trouver, autant de raisons propres à valider un choix qui apparaît vite comme une évidence.

Ultreïa !

CHAPITRE IV : VIA PODIENSIS

CARNET DE ROUTE DE :
Karel
KILOMETRES PARCOURUS A CE JOUR :
440 km
DATE :
Du 10 au 21 juin 2011

L'arrivée sur Vézelay fut un tel contentement, grandissant crescendo quand ses contours se dessinaient toujours plus précis, que nous ne pouvons nous priver de savourer également une approche lente sur le Puy-en-Velay. C'est donc en gare de Vorey-sur-Arzon, vingt-quatre kilomètres plus au nord, que nous descendons vers 16h ce 10 juin, après avoir quitté Lapalisse le matin même. Ce bref contact avec l'agitation des grandes villes et des transports en commun nous laisse profondément mal-à-l'aise, et nous nous rendons compte à quel point nous vivons déconnectés des préoccupations de notre temps, comme à l'abri d'une bulle protectrice. La vie paisible de ce petit village, situé dans une cuvette au bord de l'Arzon, nous relie toutefois immédiatement aux étapes précédentes, faisant aussitôt oublier l'interlude sacrifié aux transports.

Nous récupérons dans un bar la clé du gîte communal qui nous accueillera pour la nuit, un charmant petit chalet posé à flanc de coteau où nous serons les seuls occupants. Moins charmant est l'intérieur du refuge, tout comme l'odeur nauséabonde s'en dégageant, imprégnant chaque pièce au point de nous soulever des hauts le cœur. L'endroit doit être rarement aéré et nettoyé ! Téméraires jusqu'à un certain point, nous préférons momentanément battre en retraite sur la terrasse, le temps de faire quelques courants d'air. Heureusement, la météo est clémente ! Tandis que Marie-Agnès rédige comme à son habitude son précieux carnet de route, j'entreprends de faire le tour du terrain pour me dégourdir les jambes. La vue est magnifique, dévoilant le paysage tourmenté du Massif Central où les reliefs boisés conditionnent l'activité humaine. Nous nous y confronterons dès le lendemain. J'ai hâte !

Sur la porte donnant accès au sous-sol, un ruban attire mon attention. L'entrée est close et une inscription en explique la raison : Scellé de la gendarmerie. Gavé en son temps de séries policières, je me demande aussitôt pourquoi la gendarmerie viendrait mettre des scellés sur une porte si ce n'est pour marquer le lieu d'un délit, ou pire encore, d'un crime... L'information ne fait qu'un tour dans mon cerveau, avant que je ne décide de la garder pour moi. Connaissant ma chère épouse, je nous vois déjà remballant nos affaires à la recherche d'un autre endroit où dormir. Pas le courage !

Sifflotant l'air de rien, je la retrouve un peu plus tard pour partager le repas du soir. Nul doute qu'elle n'aurait pas dormi sur ses deux oreilles si j'avais été trop honnête.

Nous passons une nuit à peu près correcte, le nez collé contre nos sacs de couchage, pour filtrer l'odeur toujours tenace du gîte. Au moins, le réveil n'en est que plus facile, tant nous avons hâte de quitter les lieux ! La toilette est vite expédiée, conscient que nous risquons plus de nous salir qu'autre chose, à trop vouloir abuser de sanitaires à la propreté suspecte.

En apnée depuis la veille au soir, nous nous bousculons pour franchir en premier la porte du gîte et inspirer de grandes bouffées d'air frais. Ah, les grands espaces, la nature, il n'y a rien de tel !

Commence pour nous l'ultime étape avant le moment fort que doit être l'arrivée au Puy. A partir de là, le balisage nous guidera sans problème jusqu'à Saint-Jean-Pied-de-Port. Tantôt le marquage blanc et rouge des sentiers de Grandes Randonnées, tantôt la coquille or sur fond bleu des chemins jacquaires.

Outre ces repères chers à notre cœur, nous avons la joie incommensurable, après vingt-huit jours de frustration, d'apercevoir au loin le premier sac-à-dos, qui de surcroît semble orné d'une coquille. Sous le sac, se meuvent deux jambes, robustes et musclées, et un large chapeau coiffe le tout. Nous ne rattraperons jamais ce pèlerin pressé, mais il marque pour nous le début d'une nouvelle ère.

A cet instant précis, commence la plus belle portion de chemin de toute notre aventure !

Le Puy se mérite tout de même et nous ne tardons pas à le comprendre en entamant une grimpette harassante au sortir de la vallée de Lavoûte-sur-Loire. Après 450 km de marche, nous sommes confrontés pour la première fois à des sentiers abruptes et empierrés, auquel Wheelie doit apprendre à faire face. Dans certains passages, nous devons le soulever à deux, les vingt-quatre kilos qu'il contient se faisant alors pleinement sentir. Parvenus au sommet, suant sang et eau, nous en venons même à douter d'avoir fait le bon choix en l'emmenant avec nous. L'idée de renvoyer la tente et les sacs de couchage, pour en alléger le poids, nous avait même effleurée quelques jours auparavant, mais ce matériel nous semblait vraiment indispensable, en particulier dans la dernière portion du voyage, le long de la façade atlantique. Finalement, ces inquiétudes seront vite balayées tant la petite remorque se comportera à merveille sur tous les types de terrains. Le temps perdu dans les rares montées délicates sera largement compensé par l'économie d'effort réalisée sur sol plat ou en descente.

Passé ce dénivelé, et le petit village de Rachat, le chemin redescend vers Polignac, village dont la forteresse médiévale, perchée au sommet d'une butte, sert de repère pendant les derniers kilomètres. De là, Le Puy nous tend ses bras. Et en effet, une heure plus tard, nous surplombons la ville, subjugués par le point de vue grandiose dévoilant l'imposante Vierge rouge et la vertigineuse chapelle Saint-Michel d'Aiguilhe. Pour nous qui ne connaissions pas la ville, le spectacle vaut à lui seul tous les efforts de ces dernières semaines. Une récompense de plus dont nous nous sentons les uniques récipiendaires.

Exténués, nous laissons au lendemain la visite de la vieille ville pour trouver une chambre confortable capable de nous faire oublier le précédent hébergement.

Un sommeil serein nous ayant pleinement revitalisés, nous nous trouvons le matin suivant comme deux gamins pressés d'ouvrir leurs cadeaux de Noël. Le Puy est à nous ! L'animation des ruelles pavées, le dédale interminable des marches, la solennité de la cathédrale, le ballet incessant des marcheurs en transit, tout est source d'enchantements, venant inexorablement parfaire notre état de pèlerin. Bien loin d'épargner nos jambes, nous voulons tout voir. Le panorama depuis le sommet du piton rocheux accueillant Notre-Dame de France est à ce titre époustouflant. Le paysage volcanique dessine une interminable ligne de crête sur un horizon ouvert à 360 degrés. Plus courageuse, et surtout moins sujette au vertige, Marie-Agnès poursuit l'ascension, dans les entrailles même de la Vierge de fer. La vue porte si loin qu'elle en donne le tournis, révélant notre futur terrain de jeu... Immense !

Repus d'images de cartes postales, nous nous dirigeons rue Cardinal de Polignac où, chaque soir, à 18h, un pot d'accueil est proposé aux pèlerins en devenir. L'occasion pour nous de récupérer nos créanciales, passeports indispensables pour la suite du périple. Autour d'un kir, nous faisons la connaissance d'une quinzaine de personnes que l'appel du Chemin a drainé jusqu'ici. La conversation s'amorce facilement. D'où vient-on ? Où va-t-on ? Accroches banales qui révèlent des multitudes d'histoires et de destins. Ce couple arrive depuis l'Autriche à pied, cet autre d'Australie pour une ou deux semaines de marche sur le mythique pèlerinage. Nous avons le plaisir aussi d'échanger quelques mots avec Denise, bientôt septuagénaire, venue cheminer une deuxième fois, seule, en direction de Compostelle. Signe de la providence, elle vient de la Rochelle. Elle nous explique combien les rencontres sont riches et les souvenirs addictifs.

Nous constatons également que notre qualité de jeunes mariés et l'originalité de notre voyage de noces suscitent tout autant l'intérêt. Chacun apporte son histoire et, le plus naturellement du monde, se voit intégrer dans la communauté des marcheurs de Compostelle.

L'aspect religieux, indissociable de la condition de pèlerin, suscite parfois quelques dilemmes. Je suis pour ma part non croyant et Marie-Agnès, si elle n'est pas athée, n'est pas en tout cas une pratiquante acharnée. La question se pose donc ce soir-là de participer ou non à la bénédiction du lendemain, prévue à 7h dans la Cathédrale. Je crains d'être en décalage, au milieu de fervents catholiques, et préfère renoncer. Marie-Agnès décline aussi. Mais le recul aidant, il nous apparaît toutefois regrettable de s'être privés de cette cérémonie qui, finalement, rassemble toutes les sensibilités dans l'échelle de la Foi, sans jugement d'aucune sorte. Le départ en groupe, descendant une à une les 134 marches de la Cathédrale doit être un souvenir marquant, à côté duquel nous sommes passés.

Le jour suivant, loin de ruminer de telles pensées, nous rejoignons à 7h30 la place du Plot où débute la bien-nommée rue Saint Jacques. L'humeur est fébrile, digne d'une rentrée de classe. N'a-t-on pas oublier de matériel ? Comment vont être les nouveaux camarades ? Va-t-on se montrer à la hauteur ?

Les rues sont encore vides, et les jacquets matinaux suivent pour la plupart la messe. Nous apprendrons plus tard que pas moins de quatre-vingt personnes y assistent ce jour-là. Chiffre impressionnant, et pouvant être largement dépassé en période d'affluence, mais les conditions physiques et les aspirations étant multiples, nous n'aurons jamais conscience de cette foule. A cette période, le flot de randonneurs s'étalent harmonieusement au fil des kilomètres, pour se retrouver par grappe, chaque soir, sur les lieux d'hébergements.

Sortir de la ville, en empruntant la rue de Compostelle, nécessite de s'élever rapidement, vigoureuse mise en jambe que la beauté du point de vue, une fois sur les hauteurs, récompense largement. Nous ouvrons la voie, seuls, pendant quelques dizaines de minutes avant d'être rejoint par un couple dans la force de l'âge qui, sans trop de mal, nous dépasse. Affutés comme des athlètes de haut niveau, ils sont de plus légèrement chargés, n'emmenant avec eux que leur pique-nique du midi et des vêtements de pluie. Un échange poli, motivé par une curiosité réciproque, nous permet de savoir qu'ils viennent de Bergues, dans le Nord. Leur randonnée est organisée par un voyagiste prenant en charge le transport des bagages et la réservation des hébergements. Déjà sportifs dans l'âme, ils se sont pourtant beaucoup préparés pour ces quelques jours de marches. De quoi donner quelques complexes, ou nous faire douter sur nos capacités limitées ! Nous les laissons prendre le large, conscient qu'il est important pour chacun de garder son rythme.

Nous recroiserons souvent ces nordistes au fil des étapes ; des moments toujours agréables. A notre sens, le choix qu'ils avaient retenu pâtissait d'un cadre un peu trop rigide pour eux, imposant des haltes quand ils auraient sans doute pu aller beaucoup plus loin. Le nombre d'infrastructures d'accueil permet sans problème une réservation au jour le jour, selon son état de forme et ses coups de cœur. Nous n'en dirions pas de même du Morvan !

Le sentier, la plupart du temps large et bien praticable, prend petit à petit de la hauteur, nous régalant d'une variété de paysages où la forêt n'est jamais bien loin. Au détour d'un chemin, quelques chaises en plastique, devant une caravane, tendent leurs bras aux pèlerins. Un écriteau affiche qu'il s'agit du dernier ravitaillement avant la fin de la première étape. Publicité un tantinet fallacieuse, mais nous nous laissons prendre et y négocions deux sandwichs pour le midi.

Après les déserts traversés les précédentes semaines, trouver autant de services sur notre passage est une vraie bénédiction, nous enlevant bien des soucis.

A l'approche de Saint-Privat-d'Allier, une descente raide, étroite et sinueuse, rendue glissante par de récentes averses, permet de tester la stabilité de Wheelie. Il faut être prudent, bien assurer ses appuis, car le poids du petit bolide risque de nous entraîner. L'exercice se termine sans dommage, plus bas, accueillis par les sourires engageants d'un duo de randonneurs. Catherine, une jeune allemande courageuse, partie seule du Puy, vient de sympathiser avec René, un jovial retraité taillé pour l'aventure, chapeau à larges bords vissé sur la tête. Notre remorque les intrigue, tout comme le nœud blanc qui orne la chevelure blonde de Marie-Agnès. Parure de tulles et de plumes rescapée de sa coiffure de mariée, elle l'arbore en effet depuis le départ, suscitant la sympathie du plus grand nombre. Une touche de charme et une évocation du bonheur, dans cet univers d'efforts et de sueur.

Chacun dégaine son appareil photo, immortalisant le moment, avant de reprendre la route. A Saint-Privat, nous visitons l'église romane, un peu en retrait du GR. Son architecture ramassée, ses murs épais et froids, laissant peu de champ à la lumière, ne nous retiennent pas longtemps. Le temps tourne d'ailleurs à l'orage.

Beaucoup de pèlerins, souvent conseillés par leur guide, choisissent de s'arrêter ici pour leur première étape. Il est 14h30. Nous avons eu le temps de nous reposer. Je convaincs Marie-Agnès de poursuivre jusqu'à Monistrol-d'Allier, six kilomètres après.

Fiers comme des paons, nous paradons devant Catherine et René, attablés à la terrasse d'un café, qui nous gratifient de signes amicaux. Eux ont fini leur journée.

Quelques minutes plus tard, nettement moins fiers, nous repassons en sens inverse devant le café, nos impétueuses foulées nous ayant conduits dans la mauvaise direction. Ouf ! Ça y'est, nous retrouvons enfin le balisage !

Un peu plus loin, à l'approche de Rochegude, deux enfants sont à l'affût du moindre pèlerin. Une petite fille s'approche, nous demandant timidement si nous voulons lui acheter une boisson. C'est d'accord ! Nous l'avons bien méritée. Toute heureuse, elle rejoint son frère qui tient au frais quelques canettes dans une glacière. Un bon filon pour faire fructifier son argent de poche !

L'ultime descente après Rochegude est épique. L'orage, longtemps attendu, finit par éclater, nous laissant trempés sur une sente rocheuse et glissante qui tombe à pic sur plusieurs centaines de mètres. C'est l'occasion de mettre au point une nouvelle technique avec Wheelie. Dans toutes les pentes dangereuses dorénavant, nous le laisserons ouvrir le chemin, le retenant seulement comme une brouette. N'ayant qu'à le diriger, il dévale ainsi sans effort ni prise de risques les passages les plus difficiles, absorbant les chocs grâce à ses deux roues tout terrain. Un vrai jeu d'enfant !

La pluie ayant momentanément cessé, nous pouvons tirer de notre sac l'indispensable « Miam Miam dodo », best seller du pèlerin listant sans fioritures inutiles les points de ravitaillement (nourriture, eau) et les hébergements sur tout le parcours. Réactualisé chaque année, il est un outil fiable permettant de planifier facilement ses étapes, et dont le secours sera quotidiennement profitable. Pour la même finalité, le bouche à oreille fonctionne également, mettant en exergue certaines haltes prétendument immanquables.

Ce soir-là, nous ne nous fions qu'au guide pour dénicher à Monistrol-d'Allier une chambre un peu vieillotte, mais bon marché, au deuxième étage d'une haute et ancienne bâtisse décrépie dans laquelle pullulent déjà beaucoup de marcheurs. Une ruche en effervescence, où les uns vont prendre leur douche, les autres en reviennent, ou cherchent un recoin pour étendre leur linge. Nous découvrons à cette occasion beaucoup de têtes nouvelles que nous n'avions jamais croisées dans la journée. La plupart prendront la demi-pension, dans la salle commune de ce gîte-restaurant-bar, mais nous nous contentons de quelques pâtes réchauffées dans la chambre, avant de sombrer dans les bras de Morphée.

Le petit déjeuner dans ce gîte réveille de lointains souvenirs d'internat. Des gros bols blancs de thé ou de café fumants attendent les marcheurs sur de longues tables en formica. Après un sommeil plus ou moins réparateur (gageons que le dortoir fut pour certain éprouvant !), chacun s'installe au ralenti, yeux mi-clos, un peu rougis pour avoir été trop frottés. L'esprit est encore embrumé, les gestes un peu gauches. Le premier sujet de conversation, auquel nous ne prenons pas part –ayant bénéficié d'une chambre individuelle-, consiste à trouver l'importun ayant ronronné toute la nuit. Témoins et victimes se succèdent à la barre, pointant du doigt les suspects entre deux copieuses tartines. Des noms, ou plutôt des prénoms sont jetés en pâture dans une humeur heureusement bon enfant.

La caféine aidant, la salle s'éveille peu à peu, les discussions s'animent, alors que les plus matinaux s'équipent déjà en vue d'un départ imminent. On se souhaite bonne route et on se dit à plus tard !

Ce déjeuner pris en communauté assoit un peu plus notre notoriété. Wheelie est à l'honneur. Prêts au départ, c'est devant un public captivé que nous remontons ses roues et ses longues poignées. Il dévoile au grand jour sa conception des plus ingénieuses. Qu'il prenne garde de ne pas en tirer trop d'orgueil ! Mais notre petit compagnon est vite ramené à sa condition d'engin faillible et dépendant de nos bons soins. A nouveau, nous le retrouvons à plat en pleine ascension, victime d'un clou ramassé sur le bord de la route. Que viennent faire tous ces fichus clous sur notre parcours ! Colle, rustine, maniement de la pompe, prière à Saint Christophe[3] et... C'est reparti !

Alerté par notre topoGuide, annonçant un passage difficile, avec une main courante, pour accéder à la chapelle de la Madeleine, nous empruntons la départementale, nous éloignant pour quelques kilomètres du GR65. Elle nous mène tranquillement à Saugues, pays du Gévaudan, qu'une sculpture en bois de la Bête domine de toute sa hauteur. Marie-Agnès se prête à une séance photo, prise dans les crocs de ce loup monstrueux. Le cliché viendra égayer les pages de notre blog. Le splendide panorama offert sur le plateau granitique de la Margeride révèle cette terre d'élevage où la forêt reprend peu à peu sa place.

---

[3] Saint patron des voyageurs

Saugues marque la fin d'une journée de marche pour beaucoup de marcheurs, mais elle n'est pour nous qu'un lieu de ravitaillement avant de gagner La Clauze, joli et paisible hameau dont la seule attraction réside dans une immense tour heptagonale posée en son centre sur un affleurement granitique. Elle est la seule rescapée d'un château seigneurial dominant autrefois la région, et témoigne avec une étonnante solennité d'un passé depuis longtemps révolu. Le village semble maintenant perdu au milieu de nulle part, animé par le seul passage des pèlerins. Une ancienne bâtisse typique de la Margeride, à l'architecture massive et aux murs épais, entièrement rénovée par Sonia et Michel, accueille un petit gîte de quelques lits. Nous sommes les seuls à avoir réservé pour le soir. Sonia nous le fait remarquer avec une pointe d'amertume, regrettant au passage, sur le GR65, une baisse de fréquentation depuis quelques années. Le Chemin vit aussi au rythme de la promotion qu'on lui fait, la popularité d'un livre ou d'un film pouvant parfois mobiliser des masses de curieux. Le film « Saint-Jacques... La Mecque » fut une aubaine en son temps pour les hospitaliers. Plus tard, une allemande nous parlera également d'un carnet de voyage publié par une célébrité teutonne, ouvrant grand la route de Compostelle pour nombres de ses compatriotes. Chaque pays possède ses rabatteurs !

Finalement, deux lorraines viennent nous rejoindre un peu plus tard dans le dortoir. Profitant d'une douce soirée de juin, nous partageons avec elles un pique-nique dans le jardin de la propriété. Cathy et Christine se sont offert des vacances sportives, s'organisant quelques jours de randonnées entre Le Puy et Figeac. Tout comme Michel, le propriétaire, nous sommes surpris par le volume des sacs qu'elles transportent. Il les invite à les pendre à un énorme crochet fixé sous sa tonnelle, en fait une balance qui voit passer la plupart des sacs des pèlerins s'arrêtant ici. Un concours s'engage, telle une rencontre de bras de fer où chacun fait reluire ses muscles. 17 et 15 kg pour les bagages des deux jeunes filles qui ne semblent pourtant pas en souffrir ! Les 14 kg que je porte font du coup pâles figures au regard de cette performance. Quant à Wheelie, de plus en plus rondouillard, le voyage lui profite bien puisqu'il affiche sans honte ses 25 kg.

Un petit régime s'imposerait pour tout le monde !

Le lendemain, nous quittons nos hôtes, non sans avoir dû soumettre la petite remorque à un véritable mitraillage photographique. Randonneur chevronné, Michel tenait en effet à garder un souvenir de notre compagnon à deux roues.

Notre périple se poursuit tantôt à travers les pâturages, tantôt sur des pistes forestières jusqu'au domaine du Sauvage, immense domerie templière perdue sur les hauteurs de la Margeride, à 1300m d'altitude. Ce lieu, récemment reconverti en gîte, jouit d'une effroyable popularité parmi beaucoup d'anciens pèlerins, faisant passer le mot afin d'en dissuader l'accès. En cause, un accueil jugé trop commercial et des punaises de lit, bêtes noires des gîteurs, qui pulluleraient dans les dortoirs. Le GR nous faisant apprécier ce domaine d'un peu loin, nous ne pourrons toutefois nous faire notre propre idée.

Entouré de vastes champs où paissent en liberté des troupeaux de chevaux et de bovins, l'endroit se prête toutefois à une pause bien méritée. Nous déballons donc les provisions achetées en route pour improviser un repas champêtre, à l'ombre d'une forêt de pins sylvestres. Du chemin de terre par lequel nous sommes arrivés se détache alors la silhouette d'un marcheur solitaire. L'homme, grand gaillard dégingandé, chemise à carreaux et casquette sur la tête s'arrête net à notre vue puis, levant les bras au ciel tout en cherchant ses mots, s'écrit avec une pointe d'accent allemand :

— Félicitations les jeunes mariés !

C'est la première fois que nous le croisons mais étonnamment, il semble déjà nous connaître. Sa joie est telle de nous rencontrer que nous ne pouvons l'accueillir qu'avec le même enthousiasme, lui proposant de se joindre à nous. Olivier accepte volontiers et partage avec nous un café réchauffé à l'abri d'un rocher. Dans la conversation, il avoue suivre depuis quelques jours les traces de roues laissées par notre Wheelie, ayant entendu parler de ce couple (ce trio ?) de jeunes mariés parti en même temps que lui du Puy. La légendaire radio camino, bouche à oreille d'une rare efficacité propre à ce chemin, bruisse donc de nos modestes aventures, et nous en venons à spéculer que peut-être, des pèlerins anonymes rêvent d'apercevoir –et pourquoi pas de toucher– un jour le nœud de la mariée. J'en conçois une immense fierté pour ma femme chérie.

Cette rencontre inattendue et la gentillesse d'Olivier marquent les prémices d'une popularité dont nous serons les plus heureux bénéficiaires.

Arrivés à Saint-Alban-sur-Limagnole, nous apprenons que le camping est à la sortie du village, deux kilomètres plus loin. N'ayant eu que rarement l'occasion de sortir la toile de tente, nous avions promis le matin même à Cathy et Christine, les deux lorraines, que nous nous y risquerions cette fois. La fatigue et l'annonce de la pluie a finalement raison de notre courage. Nous préférons nous arrêter dans le même gîte qu'un groupe de retraités fêtards et bons vivants croisés un peu plus tôt. Nous optons même pour la demi-pension, nouvel accroc dans nos finances, mais qui nous permettra de partager un moment de convivialité avec d'autres pèlerins. Nous découvrons ainsi d'autres personnes, d'autres histoires. Un homme d'une quarantaine d'années, profitant de vacances en solitaire, accompagne sa mère sur le chemin. Son rêve ultime serait pourtant de parcourir la route de la soie en moto. Un couple d'américain, dont le mari est très diminué, tente également l'aventure avec un courage à toute épreuve. Anne, une néerlandaise partie en solo, nous fait partager sa foi et son expérience de Compostelle. L'ambiance est conviviale et permet de nouer des liens qui enrichiront les prochaines étapes.

Lorsqu'il s'agit de rejoindre sa chambre, sitôt le repas terminé, c'est pourtant d'un même élan que tout le monde se sépare, les corps unanimes n'attendant qu'un bon lit pour reprendre des forces. Faute d'un bon lit (le matelas grince au moindre mouvement et les draps, à la propreté douteuse, sont tellement usés qu'on peut voir à travers), nous dormons quand même tout notre soûl. Le pèlerin n'est pas exigeant !

Le lendemain matin, peu de temps après notre départ, une voiture s'arrête sur le bas-côté, et son conducteur nous interpelle. Enfant du pays, revenu dans la région pour affaire, il connaît le GR comme sa poche, ayant même rédigé une thèse sur la Via Podiensis. La discussion s'oriente sur Wheelie (décidément, il n'y en a que pour lui !). Pour nous éviter un détour inutile et accidenté, notre bon samaritain nous conseille de poursuivre la route goudronnée le long de la Limagnole, avant de rattraper le sentier "réglementaire" un peu plus loin. Ainsi, nous nous économiserons pas mal d'efforts. Heureux d'une telle aubaine, d'autant que la pluie étant au programme, nous espérons clore au plus vite cette étape, nous suivons ses conseils et longeons la départementale sur un, puis deux kilomètres sans toutefois croiser le GR. Marie-Agnès s'inquiète.

— On n'était pas censé rejoindre le chemin rapidement ?

— Ne t'inquiète pas ! Ça doit être un peu plus loin. Fais-moi confiance !

Au fond de moi, je sens bien qu'on a du manquer quelque chose, mais étant le maître des cartes, je me dois de faire montre en toute occasion d'une grande assurance. Nous sommes toujours en pays de Gévaudan, et la perdre en forêt dans ces conditions serait malvenu ! Et pourtant, mon crédit auprès de ma belle va une fois de plus être égratigné, quand une voiture arrivant d'en face, et fort semblable à la précédente, joue du klaxon avant de venir se garer à proximité. Le même homme en ressort, venu ramener ses ouailles égarées dans le droit chemin. Il nous charge dans sa voiture avant de nous déposer un kilomètre en arrière, où nous aurions dû trouver le fameux GR. Faute d'inattention sûrement ! Nous le remercions chaleureusement et repartons de plus belle, talonnant désormais la queue du peloton.

Entre Margeride et Aubrac, nous traversons la vallée de la Truyère où les dénivelés se succèdent pour révéler une belle diversité de paysages que dominent les dégradés de verts.

Mais tapie dans l'ombre, attendant son heure, la Bête légendaire est en train de guetter ses proies. Elle apparaît d'abord sous la forme d'une effluve âcre et persistante, venue titiller nos narines au cours d'une pause reconstituante. Puis nous la découvrons, avec un mouvement de recul, monstre belliqueux au poil ras et noir, prédateur impitoyable armé d'une paire de cornes aux extrémités menaçantes. La créature est là, face à nous, fixant d'un œil torve ses malheureuses victimes, dont les cœurs s'affolent en battements désordonnés. Nos mains se joignent en une ultime étreinte, attendant l'issue fatale. Nous sommes le 16 juin 2011. Un mois s'est écoulé depuis notre mariage. Un mois si riche d'émotions et de découvertes que nous nous résignons à quitter cette existence avec la consolation de l'avoir intensément vécue.

Déjà, le redoutable quadrupède gratte le sol, prélude cruel aux coups de tête qu'il s'apprête à asséner. Il a choisi sa première cible. Ce sera Marie-Agnès qu'il percute d'abord mollement, comme pour faire durer ce jeu barbare, avant d'appuyer d'avantage ses coups, toujours plus intensément. Pétrifié par la peur (à moins que ce ne soit par un inextinguible fou-rire) j'observe la scène, impuissant. Tout est fini, je ne peux plus rien pour elle ! Devant la gravité de la situation, je ne vois plus qu'une chose à faire : dégainer l'appareil photo pour immortaliser le moment. Fixé sur pellicule, ce petit bouc nous arrivant à peine aux genoux, nous laissera tout de même le souvenir d'un adversaire insupportablement collant. Son parfum délicat nous suivra plusieurs jours durant, irrémédiablement agrippé aux fibres de nos vêtements.

Finalement, l'apparition opportune du couple de Bergues, qui nous suivait de près, détourne momentanément l'attention de la Bête sur ces nouveaux arrivants. Nous fuyons tous les cinq, toujours sous les assauts incessants du fougueux animal, tentant de l'éloigner en faisant virevolter dans les airs nos bâtons de marche.

Ainsi s'achève notre traversée du Gévaudan, dont les terribles épreuves sont finalement récompensées à leurs justes valeurs par une heureuse nouvelle : Les offres de prêt depuis longtemps attendues vont nous être envoyées ! Nous marcherons désormais l'esprit plus léger, assurés qu'un toit nous attendra à La Rochelle... Si nous y parvenons un jour !

Les jours suivants sont consacrés à la traversée du plateau de l'Aubrac, immense terre de pâturages, où affleurent par endroit des rochers granitiques aux rondeurs rassurantes. A perte de vue, de vastes étendues d'herbe, parfois délimitées par des murets de pierres, égayées d'absinthes, de gentianes, de digitales et de boutons d'or, nuances colorées venant parfaire un paysage d'une beauté fruste et sauvage. Le pèlerin aborde souvent cette terre de silence et de solitude avec une pointe d'inquiétude. Sans arbres et donc sans ombre en été, elle peut aussi se montrer rude et glaciale quand le mauvais temps s'en mêle. Nous la traverserons sous un ciel chargé et une fine bruine, ce qui n'en gâchera pas le plaisir. Nous nous régalons des rencontres avec les troupeaux de vaches, robes fauves et yeux cerclés de noir, paissant sereinement pour mieux se

donner en spectacle. Le champ de vision dégagé, nous révèle des files distendues de marcheurs qui se croisent et se doublent, sans venir troubler une curieuse impression de retraite. Là encore, nous prenons conscience de notre petite notoriété. On nous aide, on nous félicite, on nous abreuve de questions. Des gestes et des attentions toujours touchantes qui nous vont droit au cœur.

A l'approche de Nasbinals, une rumeur court sur les difficultés d'y trouver un hébergement. Evènement fort de la région, le Marathon des Burons a lieu ce week-end, réunissant des milliers de compétiteurs qui doivent, tout comme nous, trouver de quoi dormir et se restaurer. Finalement, nous dégotons une chambre dans une école. Même problème le lendemain à Saint-Chély-en-Aubrac, village aux capacités d'accueil beaucoup plus limitées. Nous devons notre salut à un désistement dans une chambre d'hôte. L'orage gronde, le ciel est bas, le vent glacial. Nous bénissons ces coureurs ayant annulé leur participation à la dernière minute et sans qui nous aurions sans aucun doute souffert du froid sous notre tente.

Cheminer en Aubrac sans en goûter la spécialité eut été un crime. Nous nous offrons donc un délicieux repas en compagnie d'autres marcheurs pour déguster l'aligot. Une parenthèse reconstituante après les rudes conditions endurées ces derniers jours.

La pluie persiste le lendemain, l'humidité occasionnant des douleurs dans les genoux de Marie-Agnès. Je l'allège donc de son fardeau autant que possible, sachant toutefois que rien ne pourrait plus l'arrêter. Même à quatre pattes, elle avancerait. L'un comme l'autre nous sentons portés, soutenus, encouragés, heureux à l'idée d'aller toujours plus loin, pour vivre toujours plus. Le Chemin se révèle une saine drogue, grisante et tonifiante. Nous sommes partis du Puy depuis une semaine et nous nous sentons déjà totalement à notre aise, comme en famille, savourant pleinement les bonheurs les plus simples.

Nous sommes chez nous partout où nous mènent nos pas.

Ce jour de fête des pères, nous faisons nos adieux à l'Aubrac avant d'entamer une descente ensoleillée sur la calme vallée du lot où Saint-Côme-d'Olt dresse fièrement dans le ciel son étonnant clocher torsadé. Une curiosité valant une halte pour découvrir ce village médiéval aux toits de lauze, classé parmi les plus beaux de France.

Plus loin, nous entrons dans Espalion par un pont à quatre arches, au son assourdissant des fanfares. Une fête bat son plein en ce dimanche. La nuit risque d'être courte ! Heureusement, Marie-Agnès négocie une chambre donnant sur cour, nous garantissant un sommeil apaisé.

Ayant pour habitude de partir tôt le matin, nous prenons parfois le petit déjeuner sur la route, après une petite mise en jambe. Ce jour, c'est l'"église Saint-Pierre-de-Béssuejouls, blottie au milieu de collines verdoyantes, qui nous voit déballer notre réchaud pour un petit café tonifiant. L'habitude pour nombre de pèlerins est de marquer une halte dans chacun des lieux saints traversés, l'occasion d'une prière ou d'un instant de recueillement -leur profusion en certains endroits ralentissent d'ailleurs considérablement la marche. L'amoureux des belles et vieilles pierres n'y trouvera pas toujours son compte, mais certaines constructions valent parfois de s'y attarder. Nous découvrons ainsi cette église romane en grès rose, portant les stigmates de nombreuses restaurations mais qui, au premier étage du clocher, abrite une petite chapelle aux arcades et aux décors inattendus. Une pause déjeuner peut rapidement prendre l'apparence d'une visite culturelle.

Puis, poursuivant le long de la vallée du Lot par un sentier nous permettant parfois de prendre de la hauteur, nous arrivons à Estaing, nouveau village de caractère au charme médiéval préservé. Nous y faisons la connaissance d'un jeune couple, dont la femme affiche un ventre rebondi. Enceinte de six mois au moins, elle parcourt malgré tout ce chemin d'effort à pied, avec une grande détermination. Le soleil de plomb dont nous bénéficions depuis le matin ne lui facilite pas la tâche et l'après-midi promet en plus d'être rude, avec d'importants dénivelés. Ils progressent toutefois à leur rythme, sans s'imposer de peines inutiles. Au moment où nous les quittons, ils ne savent pas encore s'ils s'arrêtent ici pour la nuit. Nous ne les reverrons pas par la suite.

A Estaing également, nous prenons le temps d'échanger quelques mots avec un trio de bons vivants, autoproclamés les Mousquequaires. Nous suivons à peu près la même cadence que ces trois hommes, autour de la cinquantaine, que l'on retrouve souvent à nos différentes étapes. Comme nous, ils entament la montée vers Golinhac, un chemin de pénitence, sous la canicule, pour s'élever au-dessus des gorges du Lot. Que cette côte est raide ! Les deux gourdes sont vidées en à peine une heure et le moindre centimètre carré d'ombre sert d'excuse pour s'accorder un moment de répit. Heureusement, le Miam Miam Dodo indique un point d'eau au sommet. Encore faut-il l'atteindre ! Nous y parvenons enfin, mais l'arrivée est encore loin. Trois heures après, soulevant à chaque pas des pieds pesant des tonnes, nous arrivons à Golinhac, qui a installé son camping encore plus haut, au sommet du village. Lorsque nous en franchissons les barrières, beaucoup de nos compagnons de route sont déjà là depuis un moment.

— Les voilà, ils sont arrivés !

L'information se transmet à la vitesse d'une trainée de poudre. Depuis quelques temps dans le gîte jouxtant le camping, nous étions l'un des sujets de préoccupation.

— Le jeune couple est arrivé ?
— Vous avez vu le petit couple avec la remorque ?

Comment ne pas nous sentir membre à part entière de cette famille de substitution ? Nous retrouvons Erika et Jean, couple de retraité attachant, franchissant les étapes avec une aisance rare, l'inénarrable René, dont la bonne humeur permanente se répand dans tous les gîtes où il pose ses guêtres, nos trois mousquequaires sont là aussi.

Avant le rituel de la douche et du linge, il nous faut encore monter notre tente. Puis, le gonflage des matelas de nos sacs de couchage, alors que nous avons épuisé tout notre souffle dans la dernière montée, est l'ultime épreuve avant de plonger, avant même le coucher du soleil, dans un sommeil profond et serein.

Levés avec l'aube, nous prenons notre petit déjeuner dehors, aux côtés d'Hiro, un jeune japonais au français hésitant. Fidèle à la réputation de ses compatriotes, il transporte avec lui un énorme appareil photo et un petit ordinateur lui permettant de tenir un blog pour raconter son voyage. Lui aussi a sa petite renommée sur le Chemin, dont le maître mot est persévérance. En effet, ayant pris le départ au Puy-en-Velay une première fois, quelques semaines plus tôt, il a dû s'arrêter prématurément, s'étant fait dépouiller de toutes ses affaires. Sans papiers, ni argent, une bonne âme lui a cependant payé un billet de train pour Paris. Et plutôt que d'abandonner, il est revenu, papiers tout neuf en poche, reprendre son pèlerinage là où il l'avait interrompu. Une force de caractère qui nous laisse béat d'admiration ! Seul, dans un pays lointain qui a su se montrer hostile, nous le verrons toujours le visage illuminé d'une joie contagieuse, profitant mieux que quiconque du plaisir de la découverte. Belle leçon de vie !

Au fil des étapes, il fait souvent équipe avec Durit, une jeune allemande qui partage avec lui la barrière de la langue, et François, futur papa en quête de réponses au tournant de sa vie. C'est toujours un plaisir de les rencontrer.

A la mi-journée, nous nous retrouvons seuls sur une route de campagne serpentant entre des champs de blé, devant un embranchement qui, pour une fois, ne révèle aucun balisage. Une étrangeté totalement inédite depuis notre départ du Puy ! Devant nous, les mousquequaires avaient bifurqué à gauche sur un chemin de terre grimpant en direction d'une colline. Un balisage jaune, un peu effacé, indique en effet cette direction. Mais aucune trace rouge et blanche, ni coquille or sur fond bleu en vue ! Sortant notre casse-croûte, nous décidons d'attendre ici l'avis éclairé d'autres marcheurs, mais personne ne pointe le bout de son nez ! Finalement, nous décidons quand même de repartir, mais optons quant à nous pour la droite, sur la route ; toutes les routes menant en principe quelque part... Dix minutes plus tard, nous sommes abordés par un agriculteur, juché sur son tracteur, qui nous demande où nous allons.

— Conques !

— Je m'en doutais. Vous êtes sortis du sentier. Il fallait tourné avant, au niveau de la moissonneuse !

De retour sur nos pas, nous découvrons en effet la moissonneuse, juste garée devant une marque du GR qu'elle masque aux regards des marcheurs inattentifs. Une bonne heure de perdue dans l'affaire. Et nos mousquequaires qui sont partis également dans une mauvaise direction ! Espérons qu'ils aient eux aussi croisé un autochtone secourable.

Sous une chaleur étouffante annonçant l'orage, nous abordons Conques en milieu d'après-midi. Site remarquable, je gardais de ce lieu l'image d'un village médiéval préservé, domaine du piéton, dont l'approche ne pouvait être que saisissante. Je ne fus pas déçu, tout comme Marie-Agnès qui découvrait pour la première fois ce site lové paisiblement à mi-pente, au fond d'un cirque boisé.

Toutes les rues de ce petit bourg semblent menées à l'abbatiale Sainte-Foy, édifice du XIe siècle, dont les trois tours caractéristiques soutiennent des toits pointus recouverts de lauzes. Impossible de manquer son tympan, merveille de l'art roman, attirant les regards de tous, touristes et pèlerins. Jean et Erika, croisés sur la place principale, nous guident vers l'arrière du monument où se trouve l'hôtellerie de l'abbaye, haut lieu de l'hospitalité pour qui chemine vers Compostelle. Une centaine de lits, répartis en dortoirs et en chambre, sont prêts à accueillir les retraitants comme les voyageurs. L'accueil est ici très organisé, géré par une poignée d'hospitaliers, souvent d'anciens pèlerins, venus offrir quelques jours de leur temps pour rendre un peu de ce qu'ils ont reçu. Hiro est déjà là, en discussion avec l'un deux. Nous comprenons qu'il ne compte pas prendre le repas du soir à l'abbaye. Voyant qu'il s'agit avant tout d'un problème financier, son interlocuteur lui propose de donner ce qu'il peut. Nous sommes tout de suite dans l'ambiance. Ici, pas d'accueil mercantiliste, mais au contraire personnalisé, prenant en compte les nécessités de chacun.

L'hospitalier s'approche ensuite de nous, repère le nœud dans les cheveux, apprend que nous sommes jeunes mariés. Il nous félicite avant de s'éclipser dans le bureau situé près de l'entrée, où il glisse un mot à l'oreille de ses collègues. Puis c'est à notre tour d'y entrer. Un homme, cheveux grisonnant, nous reçoit cordialement. Il s'informe d'abord de notre parcours, de nos projets avant de nous demander si nous voulons être hébergés. Nous souhaitons en effet dormir dans le dortoir et prendre le repas en commun. Le premier hospitalier revient à la charge.

— Allez, ce sont des jeunes mariés ! Ils ne vont pas dormir dans le dortoir !

Ainsi, sans négociation, nous nous voyons attribuer une chambre individuelle au prix du collectif. Notre statut confère des privilèges que nous n'espérions même pas !

Nous percevons le souci de nos hôtes de privilégier l'humain. Défi délicat quand on accueille chaque jour, pendant des mois, des troupeaux de cheminants cassés par la fatigue, et qui le soir même, n'ont déjà d'yeux que pour l'étape prochaine. Mais eux sont là pour une semaine ou deux, n'ont pas le temps de sombrer dans la monotonie, et savent par expérience ce qui a de l'importance et ce qui n'en a pas.

Nous sommes ensuite conduits dans une petit cour pavée, à l'architecture typiquement médiévale, où nous sont proposés quelques rafraichissements. Des bancs permettent aux nouveaux arrivants de se déchausser et des casiers attendent les lourdes chaussures de marche. Une petite porte au fond, entourée de décors finement ciselés dans la pierre, mènent aux dortoirs. On ressent alors l'immense privilège pour nous, marcheurs crasseux de passage, d'être accueillis dans un tel lieu chargé d'Histoire.

Suit un rituel moderne auquel nous nous prêtons volontiers. Confrontés en permanence au problème des punaises de lit, convoyées de gîte en gîte sur la Via Podiensis, l'abbaye de Conques a déjà dû, à regret, fermer ses portes pour en venir à bout. Depuis, toutes les affaires indispensables aux marcheurs pour la nuit, sont enfermées dans des plastiques aspergés de produits anti-punaises. C'est donc chargé d'un énorme sac transparent fleurant bon l'insecticide que nous découvrons notre chambre, et sa vue magnifique sur l'Abbaye Sainte-Foy.

Le repas est annoncé pour 19h, ce qui nous laisse encore un peu de temps à tuer. Au cours de notre voyage, la fatigue et l'appel irrésistible de la sieste nous ont parfois fait passer à côté de visites sans doute intéressantes. Mais ce jour, malgré des corps réclamant la reddition, l'envie est trop forte d'aller humer l'atmosphère de ce village millénaire, à l'heure où les touristes commencent peu à peu à le délaisser. Nous déambulons ainsi, découvrant le charme des ruelles pavées, ombragées et pentues, encadrées de belles demeures de pierre, rehaussées de colombages ou de trompe l'œil. Un éventail de merveilles s'offre à nous : cloître, petit bassin, décor floral...

Mais l'heure du dîner approche, et la rigueur monastique ne tolère pas le retard. A 19h tapante, nous nous trouvons assis dans une grande salle donnant sur la petite cour où nous avions été accueillis. D'immenses tables rectangulaires accueillent une cinquantaine d'hôtes, l'appétit aiguisé par une éprouvante journée de marche. L'un des cinq moines de l'abbaye, issus de la communauté de l'ordre des prémontrés, nous accueille par un discours évoquant cette étape marquante du chemin de Compostelle, et le programme de la soirée. Allusion est faite aussi au « mur » nous attendant le lendemain matin, un sentier raide et rocheux à la sortie du village, nécessitant d'emmagasiner quelques forces avant de l'aborder. Nous prenons note de cet avertissement !

Sur un mur du réfectoire, au-dessus du cadre d'une cheminée, trône une enluminure moderne, dévoilant les premiers mots et les premières notes d'une chanson qui devait nous accompagner pendant la suite de notre aventure. En bon maître d'école, le prieur de l'abbaye nous invite à en apprendre les paroles, pour la chanter avec lui.

Tous les matins, nous prenons le chemin,
Tous les matins, nous allons plus loin,
Jour après jour, la route nous appelle,
C'est la voix de Compostelle.

Son public est enthousiaste. Beaucoup connaissent déjà le chant et reprennent en cœur. Nous nous laissons emporter.

Ultreïa ! Ultreïa !
E sus eïa !
Deus adjuva nos !

Chemin de terre et chemin de foi,
Voie millénaire de l'Europe
La voie lactée de Charlemagne,
C'est le chemin de tous les jacquets.

Ultreïa ! Ultreïa !
E sus eïa !
Deus adjuva nos !

Et tout là-bas au bout du continent,
Messire Jacques nous attend,
Depuis toujours son sourire fixe,
Le soleil qui meurt au Finistère.

Composé par Jean-Claude Bénazet, et connu sous le nom de Chant des pèlerins de Compostelle, ces quelques vers se transmettent sur le chemin, notamment grâce aux moines de Conques. Vif et entrainant, rien de tel que son premier couplet pour mettre en jambe de bon matin le plus récalcitrant des randonneurs.

Avant que le repas ne soit servi, l'un des hospitaliers prend la parole, heureux de signaler qu'un couple de jeunes mariés est présent dans la salle ce soir-là. Surpris mais flattés, nous sommes invités à nous lever pour être applaudis par l'assemblée. Apparemment, le jeune marié est une denrée rare ! Marie-Agnès, écarlate et rayonnante, me renvoie son plus beau sourire. Autour de nous, avec force claquements de mains, nos compagnons de voyage nous témoignent cette amitié si spéciale, si vite acquise, et tellement sincère. Un moment fort qui aurait pu être le climax de notre aventure. Mais la route est encore longue et les tours de la Rochelle bien loin. Nous n'avons même pas fait la moitié du parcours envisagé.

Conques mérite sa réputation de lieu d'accueil. A peine son repas terminé, le pèlerin, déjà rasséréné par une copieuse pitance et des échanges conviviaux, se voit proposer un interlude culturel au pied de l'abbaye. C'est le frère Jean-Daniel, moine affable et théâtral, lunettes d'instituteur sur le nez, qui chaque soir présente à son auditoire, réuni sur le parvis de l'abbatiale, les richesses du tympan ornant son entrée. Cette œuvre sculptée dans la pierre, et magnifiquement restaurée au XIXe siècle par la volonté de

Prosper Mérimée, offre au spectateur la vision du Jugement Dernier, où le Christ en majesté trône au centre des heureux élus et des âmes damnées. Une illustration tout en relief du paradis et de l'enfer, pour l'éducation des foules.

Notre conteur, n'hésitant pas à faire participer son public pour mieux le captiver, évoque aussi l'histoire de Conques et de Sainte Foy, jeune agenaise condamnée à être brûlée vive pour sa foi, et qu'un orage providentiel sauve in extremis des flammes (ouf !)... Une fin qui aurait pu être heureuse si ses bourreaux n'avaient fait preuve d'esprit d'initiative et d'adaptation en commuant un peu plus tard la sentence en une mort par décapitation. Après ce bref répit, la petite chrétienne meurt finalement raccourcie, sans qu'une nouvelle intervention divine ne soit venue cette fois détourner la lame fatale. Un seul miracle était suffisant pour faire de cette enfant une sainte, et des reliques de celle-ci le trésor spirituel de Conques.

Pour clôturer cette soirée mémorable, un concert d'orgue nous est proposé dans l'abbatiale, où les derniers rayons du soleil offrent des jeux de lumières envoutant à travers les vitraux translucides. En ce 21 juin, jour de la fête de la musique, ce divertissement quotidien est exceptionnellement agrémenté par la présence d'une flûtiste aux côtés de l'organiste. Ce spectacle sacré nous prépare à un sommeil d'une rare sérénité.

Ah ! Conques...

Chapitre V : LA VOIX DE COMPOSTELLE

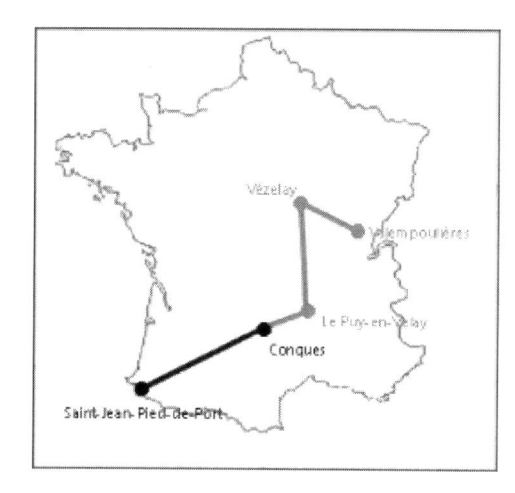

CARNET DE ROUTE DE :
Marie-Agnès
KILOMETRES PARCOURUS A CE JOUR :
671 km
DATE :
Du 22 juin au 12 juillet 2011

Comme chaque matin depuis plus d'un mois, la sonnerie matinale du réveil veut nous extirper d'une nuit paisible qu'aucune source de stress n'ose jamais troubler. Comme de bons soldats, quand bien même nos corps essaieraient de nous en dissuader, nous répondons sans tarder à ses injonctions tandis que les habitudes déjà bien ancrées guident nos premiers gestes. Il faut rouler nos sacs de couchage, rassembler les quelques affaires déballées la veille, se raser (pour Karel) et s'efforcer de se donner une mine avenante. On s'encourage mutuellement, même si l'un comme l'autre n'avons aucun besoin de motivation pour poursuivre.

En descendant dans la salle commune nous nous faufilons parmi de nombreux marcheurs en train de se servir d'énormes tranches de pain de campagne en prévision des prochains kilomètres. Les hospitaliers sont là, eux aussi, veillant sur leurs hôtes avec autant de soin que s'il s'agissait de leur propre famille. Nous essayons de trouver ceux pour qui l'aventure s'arrête ici, car beaucoup en effet font de Conques l'ultime étape de leur pérégrination. L'intensité des moments partagés dans l'effort, depuis le départ du Puy une semaine plus tôt, les incite tout naturellement à vouloir prolonger cette divine parenthèse dans leur vie. On entend alors ici où là s'échafauder des projets de retour l'année suivante, afin de continuer le Chemin là où il a été interrompu. Ces adieux nous font d'autant plus prendre conscience du privilège qui nous est accordé de poursuivre notre route dans ce monde à part, si loin des préoccupations quotidiennes.

Il est 7h30. Le temps est beau. Derrière moi, Wheelie se dérouille les roues sur les pavés de la rue Charlemagne encore endormie. Les muscles s'échauffent doucement. Ils devraient être mis à rude épreuve ce matin. En effet, à la sortie du village, à peine le petit pont de pierre enjambant le Dourdou franchi, se dessine une route abrupte. Mais cette dernière étant réservée au voiture, c'est une toute autre voie, étroite, encore plus raide et caillouteuse que nous devons emprunter un peu plus loin. Un véritable mur à escalader comme nous l'avait indiqué le moine la veille. Rapidement Wheelie se fait lourd, même en le portant à deux. De grosses pierres gênent la progression et nos forces sont sollicitées au maximum. Nous ne sommes pas seuls sur ce sentier, d'autres pèlerins nous suivent et nous devons faire attention de ne pas déraper. Après quelques minutes de ce supplice, le sentier débouche enfin sur la départementale, qu'il ne fait que croiser. Nous l'apercevons qui reprend de l'autre côté, toujours aussi escarpé. Quant à nous, nous ne sommes déjà plus très frais. Je ne me vois pas renouveler l'expérience une seconde fois. Un coup d'œil à Karel, déjà trempé et virant au rouge écarlate, me convainc que nous sommes sur la même longueur d'onde. Tant pis, nous arpenterons cette route. Ce sera plus long. Au lieu de monter droit devant nous, nous suivrons les méandres bitumeux jusqu'au sommet.

L'effort n'en est pas moins intense, car la chaleur est bien présente mais au moins, chaque tournant nous offre une vue dégagée sur Conques et sa vallée. L'occasion d'une halte motivée tant par le paysage que par le besoin de souffler. A croire que nos poumons sont restés quelque part à Conques !

Nous sommes seuls. Mais une fois au sommet, trois cent mètres de dénivelés plus tard où les pâturages remplacent les forêts, le silence est interrompu par une volée de cloches. Sûrement la chapelle Saint Roch que nous annonçait le guide. Une silhouette se dessine au loin, devant le lieu de culte, avant de disparaitre à nouveau dans l'édifice de grès rose, et les cloches reprennent de plus belle. Ding, dong, ding, dong. Tout sourire, René, notre compagnon de Chemin, nous accueille avec un air facétieux. Nous le pensions loin devant !

Une statue du saint surplombe la porte. Représenté en tenue de pèlerin, bourdon à la main, il tient un chien en laisse. Son hagiographie veut qu'après s'être séparé de tous ses biens pour partir soigner les malades, il fut finalement récompensé de ses bonnes œuvres en contractant la peste en Italie. Choisissant l'isolement pour ne pas contaminer ses contemporains, il se retira dans une forêt près de Plaisance où il dut son répit à un chien (un roquet vient-il de là ?) qui lui apporta chaque jour un pain.

En-dessous de la statue tombe une lourde corde, laissant aux pèlerins de passage la joie enfantine de faire résonner le petit clocher. Karel n'y résiste pas. Apercevant au loin d'autres amis en approche, il y va de son petit concert. Cette cacophonie met tout le monde de bonne humeur mais se révèle également une invitation à la pluie.

Cette étape est « coton » en dénivelés. Nous sommes gâtés. Après avoir survécus à des descentes et montées harassantes sur une route goudronnée (les jambes en prennent un coup), nous arrivons à Decazeville. Pas de souvenirs mémorables de cette cité minière qui nous accueille dans la grisaille. Nous sommes loin du calme de nos forêts et de nos sentiers. Quel décalage lorsque nous arrivons en pleine ville avec nos accoutrements !

Sans nous attarder inutilement, nous prenons la direction de Livinhac-le-Haut. Au détour d'un chemin, René nous livre une pensée que nous ne pouvons que partager. « Jacques a vraiment fait une erreur sur son parcours... Nous faire souffrir pour arriver là... Erreur ». Nous prenons tous les trois cela avec le sourire, un sourire un peu crispé par la fatigue.

Après 24 km de marche, nous décidons de nous concentrer sur la recherche d'un hébergement. Ce sera un camping. Côté hygiène la minuscule salle commune laisse à désirer. Ce salon-cuisine-espace internet est envahi de bandes attrape mouches, d'insectes morts écrasés et empeste la cigarette... Mais nous nous y installons pour mettre à jour le blog. C'est toujours un moment de bonheur où nous relatons notre journée. Le lien ténu mais essentiel avec nos proches.

Réveil matin maussade ; le temps n'est pas avec nous. De plus, notre étape commence par une montée coriace. A mi-parcours, nous sentons bien que nous ne sommes plus en phase de progression. Les journées se succèdent sans véritable pause pour se ressourcer.

A Montredon, nous retrouvons Cathy et Christine. Elles ont dormi au même camping mais, arrivées plus tard, nous ne les avons pas vu. Avant de continuer notre route, chacun à son rythme, nous nous donnons rendez-vous à Figeac pour boire un verre. Cette prochaine étape marque en effet la fin de l'aventure pour elles.

A 16h30 nous faisons notre entrée dans Figeac que l'oncle et la tante de Karel, en vacances dans la région, sont justement venus visiter. Un petit échange de texto nous permet de les retrouver au pied de la cathédrale. Premiers visages familiers depuis Beaune, Martine et Daniel nous permettent de prendre conscience du chemin parcouru. Ils nous trouvent ce jour-là plein d'assurance et de confiance en nous. Les inquiétudes des premiers jours sont bien loin.

Se retrouver tous les quatre fut un vrai bonheur. Prévoyant, Daniel est venu avec les photos de notre mariage. Les voir pour la première fois me remplit d'émotion. Une éternité s'est écoulée depuis, une rupture si nette avec notre vie d'avant qu'il nous semble avoir débuter une seconde existence.

Nous prenons un verre tous ensemble bientôt rejoint par Cathy et Christine, qui s'apprêtent à retourner en Lorraine. Dire au-revoir à tout le monde est très émouvant.

Des pages se tournent. D'autres ne demandent déjà qu'à s'écrire.

Quelques jours plus tôt, des amis du frère de Karel nous avaient proposé l'hospitalité lorsque nous passerions vers chez eux. Nous devons justement les retrouver en cette fin d'après-midi. Sylvie, Bruno, Salomé et Léo se révèlent des hôtes d'exception. Le temps d'une soirée, nous retrouvons un petit cocon familial où il fait bon se laisser choyer. En prime, luxe suprême, nous pouvons faire une vraie lessive, avec des produits dont nous avions oublié l'existence. Quand un tel confort s'offre à nous, nous délaissons sans peine le lavage à la main et au savon.

La soirée s'éternise plus que de coutume et nous nous endormons repus d'un copieux repas.

Sur les hauteurs de Capdenac, la Vierge des Voyageurs a décidé de veiller sur nous !

Le lendemain, après un bon petit déjeuner en compagnie de nos hôtes, nous replions bagages. Sylvie nous emmène en voiture à la sortie de Figeac, pour retrouver le chemin de Saint-Jacques. Après de chaleureux adieux, nous longeons un moment la nationale pour rejoindre le GR.

A des centaines de kilomètres de notre point de départ, le Lot devient le temps de quelques jours, le lieu des rencontres et des retrouvailles. En effet, il est prévu le soir-même de retrouver les parents de Karel, venus jouer les facteurs pour apporter les tant attendues offres de prêt. Accessoirement ils en profiteront pour faire une petite revue des troupes après six semaines de marche. L'heure et le lieu du rendez-vous n'ont pas encore été fixés, nos étapes se construisant en effet au jour le jour.

La route est dangereuse à cette heure matinale où la plupart des gens se rendent à leur travail. Wheelie est refoulé sur l'étroit bas-côté. Surprise, une voiture rouge familière, immatriculée dans le Jura, nous dépasse. « Non, ce n'est pas possible, mais c'est... mais oui ce sont tes parents Karel ! » Nous ne savions pas que nous emprunterions cette route et mes beaux-parents non plus. Larmes aux yeux, sourires, du bonheur. Nous aurions pleins de choses à dire, mais par où commencer ? Les mots finalement sont inutiles. Nous les voyons heureux de nous retrouver et ils nous voient rayonnants, c'est le principal.

Dany et Jean-Claude insistent pour que nous montions avec eux afin de nous déposer sur un chemin plus tranquille. A Beduos, ils nous délestent de Wheelie et de notre sac à dos pour nous permettre de reprendre seuls le GR sans trop de charge. Karel et moi nous sentons un peu « nus », déséquilibrés sans nos harnachements. Il me manque, mon Wheelie !

Le sentier nous mène au milieu des pâturages du Quercy. Sylvie, la veille, nous avait raconté la légende de ces brebis qui, victimes d'une maladie des yeux, avaient dû leur salut à l'observation d'un berger. Ce dernier avait en effet pour habitude de se protéger de la réverbération du soleil grâce à un foulard sombre et transparent. L'idée lui vint de noircir le tour des yeux de ses ouailles avec du charbon de bois, et aussitôt, la maladie s'en fut. Depuis, cette race de brebis porte ces lunettes noires autour des yeux.

Autres curiosités, nous découvrons les cazelles, cabanes de bergers faites entièrement de pierres sèches, sans aucun mortier.

Le midi, nous retrouvons mes beaux-parents à Gréalou. Tout est déjà prêt pour nous rassasier. Sandwichs et boissons chaudes en prime, pour affronter la fraîcheur qui décide de s'installer momentanément. Ces retrouvailles nous permettent, l'espace d'une journée, de goûter le luxe d'un circuit organisé : Le pique-nique nous attend le midi, l'hébergement du soir est réservé, et les sacs transportés dans nos chambres, sans que nous n'ayons rien à faire. Le rythme en est différent, et nous savons l'apprécier à sa juste valeur parce que nous avons vécu différemment jusqu'à maintenant.

Près de Gréalou, nous faisons d'ailleurs nos adieux à un groupe d'une dizaine d'amis, partis pour deux semaines sur les pas de Saint Jacques. Un des couples ne marchant pas, il assure pour le reste de la troupe le transport des bagages, le choix des lieux de pique-nique et du gîte pour la nuit. Ce mode de voyage a aussi ses avantages et permet à chacun de participer à sa façon à cette aventure.

La descente un peu abrupte sur Cajarc, petite cité en bord de Lot, entourée de falaises calcaires, marque la fin de la journée. Nous sommes attendus à l'hôtel.

Sensation bizarre le soir. Assis sur notre lit, dans une chambre aussi grande que certains dortoirs croisés sur la route, nous devons parcourir les interminables pages des offres de prêt, avant de les signer. Mais cette bouillie administrative a du mal à passer et nous restons tous deux pantois devant ces paragraphes, ces alinéas et ces clauses suspensives, si éloignées de notre quotidien. Quelques mots ou une poignée de main suffisaient jusqu'à aujourd'hui à obtenir ce que nous voulions, ou tout du moins à le demander. Mais tout semble ici soumis à condition, réglementé à l'excès et épouvantablement désincarné. C'est compréhensible bien entendu, mais dur à avaler quand on a envie que d'une chose : Profiter du moment présent et partager du bon temps en famille. Au moins ce rappel à la réalité nous permet de repenser à notre but, La Rochelle, où nous espérons bien pouvoir disposer d'un appartement à notre arrivée. Dans un mois peut-être...

Pour le repas du soir, Martine et Daniel se joignent à la tablée dans le restaurant de l'hôtel. Un jeton de casino trouvé inopinément dans la soupe de ma belle-maman donne le ton du dîner. Il sera joyeux !

Là, face à ceux qui nous ont vu partir, nous prenons conscience que nous pouvons déjà être fiers de nous. A Beaune, autre repas familial partagé sur notre route, nous étions encore tenaillés par l'incertitude et la peur de l'échec. Inconsciemment, à la force de mes jambes, je gagne chaque jour un peu plus la confiance qui me manquait jusque-là. Une lente thérapie dont les bienfaits se diffuseront encore des mois et des années.

Le lendemain, toujours délesté de notre lourd équipement, nous prenons la direction de Saint-Cirq-Lapopie, récemment élu plus beau village de France à l'occasion d'une émission de télévision. Nous changeons un peu notre itinéraire pour

admirer cette merveille surplombant les rives du Lot. De plus, je sais qu'un an plus tôt, mon papa était passé par là dans son périple entre Figeac et Moissac. Marcher dans ses pas me ferait le plus grand plaisir, et nous avons justement le souvenir de sa description du chemin de halage passant au pied du village. Nous laissons donc les parents de Karel à Saint-Cirq, après un bon pique-nique, pour partir en quête de ce passage atypique.

Depuis notre entrée dans les Causses, ce paysage sec et rocailleux nous crée quelques inquiétudes. Aux heures chaudes de la journée, nous ne comptons plus les bruissements suspects nous mettant constamment en alerte. Et si cela ne suffisait pas pour nous hérisser le poil, il nous est arrivé de croiser des pancartes signalant aux marcheurs crédules que nous sommes : « Danger serpents ! ». Certes, nous sommes persuadés que cet avertissement est surtout le fait d'agriculteurs qui en ont marre de voir les pèlerins s'arrêter casser la croûte dans leur champ, mais ça n'en réveille pas moins de vieilles peurs que le bon sens ne suffit pas à effacer. A tour de rôle, l'un se dévoue donc pour passer devant et frapper le sol de son bâton de marche dans l'espoir d'effrayer tout ce qui rampe et se faufile. A proximité du chemin de halage, nous longeons ainsi le Lot sur un petit chemin herbeux, Karel devant, marchant anormalement vite et tapant fébrilement devant lui dans l'espoir d'atteindre le plus rapidement un chemin plus large et plus fréquenté cent mètres plus loin. Un frôlement soudain sur la droite puis un frisson glacial me parcourent des pieds à la tête. Un serpent vient de se faufiler dans le bas de mon pantalon avant de s'éclipser aussi vite qu'il est venu dans les fourrés sur la gauche, en direction de la rivière. La sensation est horrible. Mon cœur s'emballe. Je pousse un hurlement en sautillant sur place avant de piquer un sprint droit devant moi sur un terrain plus dégagé. Karel me suit pour me prendre dans ses bras. Il a deviné et n'en mène pas large lui non plus. Foutues bestioles ! Cette épisode nous marquera longtemps.

Un peu plus loin, sur la route de Bouziès, nous oublions le temps d'un instant nos émois, découvrant le fameux chemin de halage, curiosité sublimée par les efforts conjugués de l'homme et de la nature. Taillé à même la falaise plongeant dans le Lot, ce passage de bonne dimension, s'étire sur 300 mètres, dévoilant par endroit de magnifiques sculptures

aux allures de fossiles réalisées par un artiste toulousain. Ici, préserver dans notre cocon rocheux, nous nous ressaisissons et trouvons la force de continuer.

A Bouziès, mes beaux-parents nous retrouvent avant de reprendre la route pour la Franche-Comté. A notre demande, ils nous déposent dans un camping à proximité, avant de nous combler d'encouragements pour la suite de notre aventure. Nous leur assurons que nous serons très bien ici pour nous reposer et digérer l'épisode de l'après-midi.

Derniers adieux. Ils nous quittent sans être dupes pour autant. Ce camping aux prestations plutôt réduites, peuplé de surcroit d'une poignée de personnes qui ne nous disent rien qui vaillent, nous convint, une fois seuls, de faire appel à notre indispensable miam-miam dodo. Nous sommes un peu à l'écart du chemin officiel vers Compostelle, mais un petit gîte bon marché accueillant les pèlerins est indiqué à quelques kilomètres de là. Nous y faisons la connaissance d'un quatuor de femmes, faisant étape ici pour la nuit, et partageons un petit dortoir avec deux d'entre elles.

Au matin, je ne me sens pas très en forme, ce que nous mettons sur le contrecoup de mes émotions de la veille. La solidarité entre pèlerins se met aussitôt en branle. Farfouillant dans leurs sacs, nos nouvelles amies trouvent de quoi soulager mes douleurs au ventre, mais je perçois toujours une faiblesse inhabituelle. Une quinzaine de kilomètres seulement nous séparent de Cahors. Une formalité en temps normal maintenant que nous sommes aguerris, si bien que nous décidons de partir malgré tout.

La chaleur déjà forte et le dénivelé dès le démarrage ont raison de moi. Prise de vertiges, je suis obligée de m'allonger sur le bord de la route pour reprendre des forces. Et c'est reparti, dans la douleur. Encore quelques kilomètres sous un soleil de plomb et, alors que nous allons aborder la descente sur Cahors, mon corps réclame à nouveau grâce. Impossible d'aller plus loin. L'ombre se fait rare. Nous profitons d'une station de bus, perdue au milieu de nulle part pour nous abriter. Voyant bien que je peine à retrouver de l'énergie, nous faisons le choix d'appeler un taxi. Je m'en veux de cette incartade mais que pouvons-nous faire d'autre ? Comme Karel me le rappelle, il n'a jamais été question de faire une course ni de s'imposer des règles. La seule volonté que nous ayons eu était de ne pas abandonner par manque de volonté, ou à cause d'un moral défaillant. Aujourd'hui, la volonté est là, bien présente, mais le reste ne suit pas.

Une demi-heure plus tard un taxi vient nous cueillir bien mûrs sur le bord de la route, pour nous déposer dans un hôtel de Cahors. L'air climatisé dans la voiture comme dans notre chambre est une bénédiction.

Deux bonnes heures de sommeil suffisent à me remettre d'aplomb. Il serait dommage de passer à Cahors sans visiter cette ville de charme et d'Histoire. Allez, on remet les chaussures et en route !

Dehors, l'air est suffocant. On nous annonce 42°C à la réception de l'hôtel ; une véritable étuve alors qu'il est déjà

Voyage de Noces à travers la France-94

18h. Les grandes rues sont d'ailleurs désertées au profit des ruelles où l'ombre rend la promenade plus supportable. Le vieux Cahors révèle un chapelet de petits jardins médiévaux animant agréablement la visite. Passage obligé du pèlerin, nous découvrons ensuite la cathédrale Saint-Etienne, où se tient en cette fin d'après-midi, une importante cérémonie d'ordination. En nous faufilant parmi la foule, nous pouvons admirer à l'intérieur des fresques peintes héritées du Moyen-Âge. Contrairement à nombre d'édifices parvenus jusqu'à nous depuis ces temps anciens, la couleur est ici toujours à l'honneur, sur les murs, les tentures ou les vitraux. Un aperçu de ce que la plupart des églises devaient être à l'origine.

A droite du chœur, une porte permet d'accéder à un charmant petit cloître où nous retrouvons opportunément nos quatre marcheuses, rassurées de me voir en forme. Nous y croisons aussi René qui a suivi le chemin « officiel » et vient d'avaler sans peine deux étapes de plus de 30 kilomètres, laissant derrière lui la plupart des pèlerins que nous avions côtoyés jusqu'à maintenant. Une vraie machine de guerre que nous n'aurions jamais pu rejoindre si nous n'avions pas coupé un peu par Saint-Cirq-Lapopie. Le plaisir de se retrouver est visiblement partagé et nous échangeons quelques anecdotes de parcours. Sonneur de cloches sur les hauteurs de Conques, il nous raconte s'être fait sonner les siennes après avoir renouvelé l'expérience quelques jours après dans une autre chapelle. Le curé du coin n'a apparemment pas apprécié l'initiative, l'usage en étant cette fois, il est vrai, réservé aux enterrements. Dans un éclat de rire communicatif, nous lavons les petites amertumes de ces dernières heures. Il faut si peu pour panser nos blessures et repartir de plus belle !

Ce soir-là, au diable les sandwichs et les pâtes vite préparées sur un réchaud instable ! Nous nous offrons un bon repas sur la terrasse d'un restaurant.

Un petit air de vacances...En vacances, on se lève rarement à 5h du matin. Mais la journée est annoncée aussi chaude que la veille, c'est pourquoi, nous préférons faire un maximum de chemin avant que le soleil ne soit trop haut dans le ciel.

A 6h, nous passons sous le pont de Valentré, monument fortifié de la fin du Moyen-Âge, enjambant le Lot et marquant la sortie de la ville. Ses trois tours caractéristiques, s'élevant à près de quarante mètres, et ses six arches gothiques harmonieuses plongeant leurs fondations dans l'eau de la rivière font, on le comprend, la fierté de Cahors.

Au passage, nous guettons le sommet de la tour centrale, à la recherche du petit diable sculpté sur une pierre d'angle, et dont mon père avait conté la légende au retour de son voyage. L'histoire veut en effet que le maître d'œuvre, inquiet du retard pris sur le chantier, ait signé un pacte avec Satan pour voir les travaux s'achever au plus vite. Ce dernier, à qui l'on peut reprocher bien des travers mais pas de rechigner à remplir sa part de contrat, mit tout en œuvre pour que la construction arrive à son terme. C'est alors que le pauvre bougre, réfléchissant tardivement sur le sort réservé à son âme, -elle fait bien entendu partie du marché-, trouva une ultime astuce pour échapper à l'enfer. Comme dernier service, il demanda au diable, d'aller lui chercher de l'eau à la source des Chartreux à l'aide d'un crible (sorte de passoire). Après quelques tentatives infructueuses (on l'aurait deviné !), Satan dut reconnaître sa défaite et, faute d'avoir pu aider à l'achèvement du chantier, renoncer à l'âme du maître d'œuvre.

Pour le coup, c'est nous qui connaissons l'enfer, sitôt le pont franchit. Un escalier raide, taillé dans la roche, permet aux marcheurs de gravir la paroi calcaire s'élevant rapidement de plusieurs dizaines de mètres. Pour les porteurs de Wheelie, c'est un peu plus compliqué. Nous devons le soulever à deux, au prix d'efforts surhumains et au risque de basculer dans le vide. Arrivés au-dessus, vidés de toute notre eau, nous ne pouvons que nous féliciter d'être partis tôt, dans la fraîcheur matinale. Surplombant les tours du pont de Valentré, nous découvrons Cahors, lovée dans un méandre du Lot, magnifié par un superbe lever de soleil.

La journée commence bien. Nous parcourons une bonne vingtaine de kilomètres dans les paysages du Quercy blanc, propices à l'élevage de moutons, et marqués par la craie qui affleure partout. Etape au Nid des Anges, dans le charmant village fleuri de Lascabanes. Le gîte est un de ces bons plans transmis par le bouche à oreilles et dont René nous a parlé la veille. Dans la journée, nous avons pu joindre la propriétaire pour y réserver une chambre. Nous la retrouvons en début d'après-midi, accueillante, douce et souriante, heureuse de faire un métier relevant plus du sacerdoce. La bourse s'amenuisant, nous ne prendrons pas la demi-pension. Cela nous prive d'un moment de convivialité mais il faut bien gérer un budget non extensible. Le gîte, très bien entretenu, est aménagé dans l'ancien presbytère. Pas de grand dortoir mais plusieurs grandes chambres, chacune équipée d'une salle de bain. Nous en avons une pour nous tout seul, dont nous profitons pour une longue sieste, la canicule ne permettant pas de mettre le nez dehors. Quelques pèlerins se rendent à l'église juste à côté pour s'adonner au bain de pied rituel offert chaque jour par le curé de la paroisse.

Vers 19h, on frappe à notre porte. Cécile, la propriétaire, s'excuse de nous déranger, et vient nous proposer de nous joindre à la tablée. Elle a en effet préparé assez de nourriture pour tout le monde et, les autres pèlerins étant d'accord, veut nous offrir le repas. Quel sens de l'hospitalité ! Nous descendons dans la grande salle à manger voûtée, ravis et reconnaissants devant tant de gentillesse. Christiane est là, jeune mamie voyageant seule à son rythme, souvent les écouteurs sur les oreilles. Elle nous dit souffrir de la chaleur mais n'en avance pas moins comme tout le monde. Marie-Christine, nantaise cheminant en solo elle aussi, a été victime d'une énorme ampoule dans l'après-midi, mais a pu trouver de bonnes âmes pour la soigner sur le bord de la route. Gilbert, jeune retraité, se découvre des points communs avec René qui a travaillé dans le même secteur d'activité que lui. Nous faisons aussi la connaissance de Laurent, trentenaire toujours souriant et attentionné, aperçu rapidement à Cahors mais que nous découvrons davantage sans bouder notre plaisir.

Finalement, beaucoup de monde prend la route seul pour Compostelle, mais cela ne dure jamais bien longtemps. La richesse de l'aventure crée rapidement des liens et anime de chaleureuses conversations. Si les têtes changent tous les jours, certaines deviennent familières le temps de quelques étapes communes. Un tourbillon de rencontres et d'échanges désintéressés.

En plus d'être généreuse, Cécile est une cuisinière hors pair. Le repas est un régal pour les papilles. Ce soir, nous sommes aux Anges !

Le lendemain, après un petit déjeuner en commun vers 6h du matin -la journée s'annonçant encore chaude- nous prenons la route. La campagne crayeuse et vallonnée, au milieu des cultures de tournesols et de melons, ne présente pas trop de difficultés. Heureusement car nos organismes depuis longtemps sollicités réclament en ce moment des étapes raisonnables. Tôt dans l'après-midi nous apercevons, perchée sur une colline, la bastide médiévale où nous avons prévu de nous arrêter. Lauzerte est un charmant village, aux rues pavées et aux maisons de pierres anciennes, dont l'origine remonte au moyen-âge ou à la renaissance. Nous sommes toutefois surpris du calme de ses rues en ce début de période estivale. La place centrale est quasiment vide, et la plupart des volets demeurent clos. Nous apprendrons que beaucoup de ces résidences ne sont pas occupées à l'année. Les rares traces de vie que nous décelons sont au sein d'une maison de retraite, et autour d'un magasin d'articles funéraires... Dommage ! Un peu d'animation aurait sans conteste magnifié les lieux.

Depuis le gîte où nous avons élu domicile, construction moderne accrochée à flanc de colline, aux prestations dignes d'un hôtel -l'accueil hospitalier en plus- je passe un petit coup de fil à mes parents. Quel bonheur d'entendre leur fierté et leur émotion à chacun de mes pas. Me sachant de santé fragile, ils n'en reviennent pas du parcours accompli ces dernières semaines. Sans le savoir, mon père et moi avons dormi dans les mêmes structures d'accueil et nous pouvons échanger notre expérience. J'apprends aussi que jour après jour, ils cochent sur des cartes IGN chacune de nos étapes, pariant à l'occasion sur notre prochain point de chute. Les parents de Karel en font tout autant, à l'aide du blog que nous alimentons autant que possible quand les communications le permettent.

Le gîte est bien rempli ce soir-là. Nous profitons d'une petite cuisine mise à notre disposition pour nous préparer quelques pâtes en compagnie de deux filles belges et d'un autrichien. Ce dernier, plutôt jeune, fait le chemin depuis son pays. L'échange se fait en anglais, avec difficulté, tant pour lui que pour nous. Nous comprenons qu'il vient de terminer ses études et s'est lancé ce défi avant d'entrer dans la vie professionnelle. A chacun son histoire !

De violents orages dans la nuit ont rafraîchi l'air ambiant. Nous profitons de cette aubaine pour faire la grasse matinée jusqu'à 7h30. Le temps moins clément promet aussi des sentiers exempts de reptiles en tout genre. Nous n'aurons pas à nous en préoccuper aujourd'hui. Les paysages changent petit à petit, les cultures sont plus variées. A l'occasion, nous ne rechignons pas à prélever sur les arbres fruitiers de quoi nous sustenter. Chemin faisant, nous sommes rattrapés par un couple de Saint-Etienne avec qui nous partageons le repas du midi. Les paniers pique-nique qu'ils ont acheté le matin au gîte de Lauzerte étant vraiment trop copieux, ils nous laissent gentiment piocher dans leur nourriture. Heureusement car nous n'avons pu trouver de magasin où nous ravitailler.

Comme nous, ils constatent un creux dans la fréquentation du GR. Si nous retrouvons chaque soir aux étapes nombre de marcheurs, en journée, il est plus rare de croiser l'un d'entre eux. Ils sont donc tout heureux de pouvoir discuter un peu, à tel point qu'emportée par le fil de sa discussion, notre stéphanoise en oublie parfois la prudence. Faisant fi des voitures, elle se retrouve souvent au milieu de la route et je dois fréquemment l'inciter à rejoindre le bas-côté.

— Ne vous inquiétez pas ! On les entend arriver les voitures !

La route étant fréquentée, je suis moins optimiste qu'elle. Après quelques minutes de ce supplice, je respire enfin mieux quand nous regagnons les petits chemins de terre. Ouf, nous avons évité l'accident !

Un peu plus loin, nous nous séparons, eux restant sur le sentier et nous, décidant de longer la route afin d'éviter un détour inutile. L'occasion de m'émerveiller devant de jolis petits ânes qui, eux, m'ignorent complètement. Alors que Karel m'attend un peu plus loin, un adorable papy aux yeux pétillants et rieurs vient alors me sermonner :

— C'est pas bien ! Vous avez triché ! Le GR c'est plus haut !

Il appuie sa remontrance d'un mouvement de doigt qui me fait passer pour un petit garnement pris sur le fait. De quoi déclencher un éclat de rire et une petite discussion bien sympathique.

De brèves rencontres comme celle-là suffisent à nous faire apprécier des étapes par ailleurs anodines.

Vers 15h30, après avoir longé les nombreuses vignes de raisins Chasselas, symbole de la cité toute proche, nous arrivons à Moissac en même temps que Fabienne et Nadia, les deux belges, qui comme nous ont bien mal aux pieds. Mais l'ancien couvent des Carmels où nous devons tous passer la nuit est encore loin, faisant de ces derniers kilomètres un chemin de souffrance. Nous le voyons enfin, tout là-haut, dominant la ville. Derniers efforts pour l'atteindre en empruntant l'abrupt sente du Calvaire (sic !), avant que la douceur du lieu nous gagne. Comme à Conques, l'accueil est confié à des hospitaliers qui prennent le temps d'écouter l'histoire de chacun. Assis dans le magnifique cloître, nous dévoilons notre projet, percevant chez eux le plaisir d'entendre, au fil des voyageurs, cette succession de destins.

Puis, empruntant un dédale de couloirs, nous sommes conduits dans une petite chambre pour deux, où seule l'insonorisation pèche. Mais quand la fatigue est là, rien ne peut perturber notre petite sieste désormais quotidienne.

En fin d'après-midi, nous ressortons pour visiter l'abbaye Saint-Pierre dont on nous a vanté le cloître et les sculptures mais malheureusement, elle a déjà fermé ses portes. Curieuse impression. Aucun pèlerin en vue dans les rues, alors que nous croisions toujours avant, dans les villes et les villages étapes, des têtes familières avec qui échanger un mot ou un sourire. Cette portion du chemin draine visiblement moins de monde.

Nous nous consolons en détaillant le tympan du portail sud de l'abbatiale, œuvre du XIIe siècle inspirée de l'Apocalypse de Saint Jean. Cette richesse de décors sculptés est un vrai régal pour les yeux !

Après un délicieux repas breton en amoureux, nous regagnons le gîte. Aïe ! Encore cette sente du Calvaire à grimper, comme si nos jambes n'en avaient pas assez ! Vaillantes, elles nous conduisent tout de même jusqu'à nos lits avant de donner leur congé. Le sommeil tardera pourtant à venir, la faute à quelques marcheurs indélicats, tout heureux de faire profiter à leurs voisins, avec force éclats de voix et de rires, de leur joie d'avoir terminé leur chemin, ici, à Moissac. Certes, ils pourront faire la grasse matinée demain, mais d'autres continuent !

Ce chahut bon enfant a toutefois le mérite de réveiller une madeleine de Proust chez Karel qui fut interne et surveillant d'internat pendant plusieurs années. Malheureusement, la menace d'heures de colle ou d'une visite chez le proviseur ne serait ici d'aucun recours.

Autre coup du sort, nous sommes placés en face de toilettes où un séchoir électrique fort bruyant fonctionne au rythme des vessies à soulager. Tenus en éveil par l'horrible soufflerie jusqu'à tard dans la nuit, nous ne sommes que l'ombre de nous-même lorsque nous prenons la route vers 7h30 le lendemain matin.

N'ayant pu déjeuner, nous partons aussitôt en quête d'une boulangerie -ouverte- pour y acheter de quoi tenir jusqu'à l'heure du pique-nique. C'est ici une denrée rare, à moins que nous n'ayons pas encore les yeux bien en face des trous.

Toujours est-il que nous devons capituler et nous engager sur le GR la besace vide. Difficile toutefois pour moi de commencer à marcher sans une boisson chaude dans le ventre. C'est un peu plus loin, sur les bords du Tarn, que nous trouvons un endroit tranquille et un banc sur lequel casser chichement la croûte. Nous déballons le réchaud pour chauffer un peu d'eau, en faisant le point sur nos provisions. Excepté un fond de paquet de pâtes, nous n'y trouvons qu'une poignée d'amandes qui devront pourtant faire l'affaire.

Au milieu de notre plantureux petit-déjeuner débarquent René et Laurent, le ventre plein, eux. Avec un petit pincement au cœur, nous apprenons qu'ils prévoient une étape plus longue que nous aujourd'hui. Nous ne les reverrons sans doute jamais. Avant de chaleureux adieux et des encouragements mutuels, Laurent trouve quelques biscuits dans son sac qu'il partage avec nous. Les meilleurs que nous n'avons jamais mangé !

Ils nous manqueront ces deux-là, mais nous entendrons encore parler de René !

L'étape est agréable. Nous longeons d'abord le canal de Golfech. Quelques plaisanciers nous gratifient de signes d'encouragement. La vie semble douce ici. Sur cet ancien chemin de halage, nous profitons d'une table pour marquer une halte. Un cycliste s'approche au loin, louvoyant dangereusement d'un côté à l'autre de l'allée. A mieux y regarder, il n'a pas l'allure du cycliste habituel. Son vélo, grinçant de toute sa mécanique, exhibe fièrement ses quelques décennies, et lui-même, bien en chair, vêtu d'une salopette de travail bleue, une casquette vissée sur la tête, affiche plus de quatre-vingts ans au compteur. L'homme, le visage écarlate, ahanant et suant sous l'effort veut mettre pied à terre. Nous nous levons, prêts à intervenir, tant il semble avoir du mal à enjamber sa bicyclette. Mais non, au prix d'un peu de gymnastique, il finit par y parvenir et vient s'asseoir comme si de rien n'était à notre table. Là, nous faisons la connaissance de ce papy attachant. Retraité de l'agriculture, il sillonne le chemin de Moissac à Malause tous les jours, quand le temps le permet, avec l'intention de rencontrer les marcheurs. Une saine distraction qui lui permet de garder la forme malgré les apparences. En quelques minutes, nous apprenons tout de sa vie (son oncle qui a perdu son bras à la guerre de 14-18, son père agriculteur, sa reprise de l'exploitation et ses premières plantations d'arbres fruitiers, son service militaire au Maroc... Et en bonus nous avons même droit à une explication détaillée du moteur diesel à injections).

Une belle rencontre avec un vrai personnage !

Autrefois, c'est en bac que les pèlerins franchissaient le Tarn, mais un pont permet maintenant de le traverser à Pommevic. Le climat est propice aux arbres fruitiers et plus loin sur le bord de la route, une jeune retraitée vend devant chez elle le surplus de sa récolte de pêches aux randonneurs de passage. Les fruits, gorgés de soleil et de sucre, sont savourés avec bonheur. La vendeuse et son amie nous racontent volontiers l'Histoire de leur pays, son évolution paysagère et économique, discourent sur Garonne qu'on ne doit pas, selon elle, faire précéder du « la » habituel pour mieux la personnifier. Ce fleuve est resté longtemps l'âme de la région, imprimant son rythme à ses habitants.

A Espalais, nous enjambons Garonne, avant d'atteindre Auvillar où nous voulons faire étape. Mauvaise idée ! Une centrale nucléaire toute proche étant en phase de contrôle, ce sont des centaines de techniciens qu'il a fallu loger provisoirement dans les environs. Tous les hébergements sont ainsi complets ! Après plusieurs tentatives infructueuses, et avec l'aide de notre miam miam dodo, nous trouvons finalement une chambre d'hôte libre grâce à un désistement de dernière minute. Ouf ! Nous pouvons ainsi profiter de ce charmant petit village, perché sur une terrasse surplombant le fleuve. Ses maisons à colombage et sa halle à grains circulaire sur colonnes valent le coup d'y flâner un

peu. Le soir, notre hôte, ancienne pèlerine, sait nous mettre à l'aise et complète de quelques produits maison le pique-nique que nous avions prévu de faire chez elle.

Au détour d'une conversation, nous lui faisons part du projet nous ayant vaguement trotté dans la tête de louer un âne pour pimenter un peu notre expérience du chemin. En effet, le miam miam dodo annonce une localité à proximité où cette démarche est possible. L'idée, certes chargée de romantisme, de se voir assortis d'un nouvel ami, telle la Modestine de Stevenson[4], ne met pas longtemps à se dégonfler comme un soufflé. Notre hôtesse refroidit en effet nos intentions en nous racontant l'aventure d'une jeune femme partie avec un baudet pour seul compagnon et qu'elle avait récupérée chez elle à la petite cuillère quelques jours plus tard. L'animal n'avait malheureusement pas fait long feu, décidant de faire sa tête de mule au premier passage à niveau. Planté sur ses quatre pattes, décidé à ne plus bouger, sa vie fut abrégé par un train passant par là, laissant la pauvre pèlerine dans un profond désarroi. On la comprend !

Finalement, Wheelie fait très bien l'affaire. Un petit coup de pompe de temps en temps suffit à son bonheur, et jamais il ne rechigne à nous suivre, en toute circonstance.

Le lendemain nous voit prendre la route pour les terres gersoises. Ce paysage vallonné parsemé de touches de couleurs où dominent les jaunes lumineux et les verts reposants nous pousse toujours plus loin. La population locale parfait le tableau en dévoilant son sens de l'accueil et de la générosité. Au détour d'un chemin, nous passons devant les étals d'une maraîchère vendant directement sa récolte en bordure de ses champs. Alléchés par ses melons comblés de soleil, nous voulons en acheter un mais au moment de payer la vendeuse écarte l'argent d'un signe de la main :

— Ce sera mon cadeau pour votre mariage ! Dit-elle tout sourire après avoir remarqué le nœud blanc dans mes cheveux.

---

[4] Voyage avec un âne dans les Cévennes - Robert Louis Stevenson (1879)

Nous sommes vraiment touchés par toutes ces intentions.

A la pause du midi, dans le village de Miradoux, le fruit a la saveur incomparable d'un présent donné de bon cœur. Emportés par l'élan, nous annulons notre réservation dans le camping de Castet-Arrouy pour avaler 11 kilomètres de plus et atteindre Lectoure, commune de Lomagne. Nous pique niquons le soir, au milieu de magnifiques passiflores, dans la petite cour d'une charmante maison d'hôte.

Le lendemain soir, le confort est plus sommaire dans le camping de la Romieu, mais les prestations différentes. Au milieu des premiers vacanciers, nous pouvons profiter de l'immense piscine, où nous nous prélassons une partie de l'après-midi. L'eau, un peu fraîche, réveille bien d'étranges douleurs sur la plante de nos pieds, mais qu'importe au regard du plaisir que nous prenons dans ce cadre idyllique.

Le retour de baignade est l'occasion pour moi de moquer les talents de Karel en ce qui concerne l'étude de la course du soleil dans le ciel. Mon cher mari avait en effet, après moult calculs savants, étude approfondie de la boussole, et observation empirique de l'astre céleste, conclu que la tente serait précisément dans une zone d'ombre en fin d'après-midi, nous garantissant une certaine fraîcheur pour nous y reposer. Faute de cela, la toile étant prête à fondre sous une chaleur accablante, force est de constater son pitoyable échec, qu'il essaiera bien de minimiser en imputant la responsabilité de son erreur au matériel défectueux ou au décalage horaire.

Cet épisode servira de running gag tout le reste du parcours, rappelant, si nous en doutions, notre peu de consistance face aux mystères de la nature.

Cette nature, décidément bien hostile, choisit de nous réveiller vers 4h du matin par des aboiements ininterrompus de chiens. Pas moyen de retrouver le sommeil, mais nous attendons tout de même 6h pour remballer la tente et quitter la Romieu endormi. Des sculptures de chats, disséminées autour de la place centrale, y rappelle la légende d'Angéline.

Cette orpheline, recueillie par une famille charitable au XIVe siècle, avait en effet une grande attirance pour ces petits félins. Quand la famine arriva, et qu'on n'eut rien d'autre à se mettre sous la dent que les chats du village, Angéline parvint à en sauver deux (mâle et femelle), de l'appétit de ses contemporains, en les cachant dans le grenier de ses parents adoptifs. Tout ayant une fin, même les fléaux du climat, le temps finit par redevenir clément, favorisant de nouveau les récoltes. Mais, faute de prédateurs, les rats proliférèrent alors, menaçant les provisions de grains. On se doute alors de l'issue de l'histoire : Angéline offrit la première portée de chatons aux villageois et sauva ainsi La Romieu d'un nouveau malheur.

Sculptés ou bien vivants, ces petites bêtes font encore partie du paysage dans ce charmant village du Gers.

Tôt dans la matinée, nous entrons dans Condom où Karel, espiègle, insiste pour faire une photo amusante devant la statue des mousquetaires récemment installée sur le parvis de la cathédrale. On y voit les quatre héros de Dumas joignant leurs épées certainement pour déclamer leur célèbre « Un pour tous, tous pour un ». Un cadrage subtil de la photo donne l'impression qu'ils me piquent le séant de leurs armes pointues. Nous la postons sur notre blog, accompagnée d'une précision « Marie-Agnès est victime d'une bande de dangereuses fripouilles (au nombre de 4, quelle lâcheté !) qui lui laissent de graves séquelles sur une partie du corps que la décence nous empêchera de nommer ». Première erreur !

La deuxième erreur arrive un peu plus tard dans l'après-midi, lorsque nous décrivons, toujours dans notre carnet de route en ligne, notre découverte de la ferme où nous devions dormir. Cette description, un brin exagérée, évoquant les vieilles fermes abandonnées et hostiles où les scénaristes de films d'horreur aiment tant plonger leurs protagonistes, déclenche en effet, sans que nous l'ayons prévu, une onde d'inquiétude dans mon Valdahon natal.

La ferme où nous devons passer la nuit se révèle dès le premier abord bien loin de l'idée que nous nous en étions faite. Mon premier contact avec le propriétaire, la veille au téléphone, était pourtant plein de promesses. L'homme, charmant au bout du fil, proposait un tarif vraiment modeste pour la chambre et le petit déjeuner, les draps étant de surcroit fournis. Un prix si modeste au regard de la concurrence que je lui avais bien fait préciser qu'il s'agissait du prix pour deux personnes et non pour une seule. Tout miel, il nous informait aussi prévoir de marquer nos prénoms sur une ardoise pour nous indiquer notre chambre. Une attention que j'avais trouvé plaisante et témoignait d'un sens de l'accueil prononcé.

Pour nous guider jusqu'à la ferme, quelques pancartes invitent à nous écarter du chemin, pour s'enfoncer dans une sombre forêt. Heureusement, une sympathique famille d'Evreux, composée des parents et de leurs deux jeunes adolescents, a choisi le même hébergement. Nous faisons donc la route ensemble, priant pour que notre destination ne soit pas trop éloignée de notre itinéraire initial. Après une longue marche, taraudés par la crainte de nous être perdus, nous débouchons finalement sur une grande barrière à l'abandon délimitant l'entrée d'une vaste propriété. Un peu plus loin, une petite bâtisse entourée d'herbes hautes semble servir de gîte. Personne à l'horizon. Une ardoise blanche plastifiée, accrochée à la porte, liste au feutre, quelques noms, et des numéros de chambre. Nos normands y trouvent le leur avec soulagement, ravis de pouvoir enfin poser leurs sacs à dos et prendre une douche. En dessous de la liste est inscrit succinctement : « Les autres, 50 m plus bas. »

Ainsi, il faudra nous séparer !

Main dans la main, le cœur battant la chamade, nous avançons dorénavant seuls vers un avenir incertain, mais conscient qu'une histoire d'épouvante commence toujours ainsi : perdu au milieu de nulle part, un groupe d'individus choisit de se scinder pour des raisons toujours obscures.

Une sente descend un peu plus bas, menant à l'écart, derrière une rangée d'arbres sinistres. A mesure que nos pas chancelants nous conduisent plus loin, se révèle à nous le toit puis le corps d'une ferme semblant surgie d'un autre âge. Tout parait à l'abandon. Pas âme qui vive !

Trois marches branlantes permettent d'accéder à une porte sur laquelle une nouvelle ardoise blanche nous livre une effroyable vérité. Deux autres noms y sont inscrits en face de numéros de chambre, mais pas le nôtre ! Ne sommes-nous pas les bienvenus. Et qui sont ces autres noms ? Personne d'autre n'était attendu ici d'après les normands...

Je prends mon courage à deux mains pour décrocher mon téléphone et appeler le propriétaire. C'est une femme qui me répond, d'une voix peu engageante.

— J'arrive ! Dit-elle simplement, apparemment dérangée dans son activité.

Nous la voyons surgir de derrière l'austère ferme, affichant une mine patibulaire, à peine égayée par un antique tablier au décor de fleurs bleues porté sur la taille. Elle marmonne que son mari n'a pas eu le temps de faire les chambres, tout en ouvrant la porte d'entrée dans un grincement lugubre. Nous découvrons un intérieur sombre que la modernité semble n'avoir jamais atteint. La suivant timidement, nos yeux mettent du temps à s'habituer au manque de luminosité qu'une unique lucarne délivre dans la pièce principale. Notre hôtesse nous ordonne sèchement de laisser nos sacs et toutes nos affaires à l'entrée, pour ne pas infester les chambres de punaises. Ne sommes-nous pour elle que des transports de parasites ambulants ?

Elle nous apportera tout de même plus tard deux sacs à viande pour la nuit. Sans un sourire, elle nous laisse là, avec pour seule compagnie une nuée de mouches. Des escaliers vermoulus mènent à l'étage où ont été aménagées trois chambres dans la sous-pente.. Mais c'est seuls que nous passerons la nuit. Pétrifiés par la peur, nous n'oserons plus bouger. C'est donc ici, sur des sommiers aux ressorts fatigués, que nous détaillons à nos proches, dans un style proche de la tragédie, mais emprunt de second degré, l'accueil réservé à notre étape du jour. Surenchérissant dans le mélodrame, nous terminons par ces termes :

... Nous voilà pris au piège !

Fin de communication.

Plus de réseaux...

Peu de temps après, une lecture rapide et fort partiel de notre blog suffit à enclencher chez mon papa, Roland, son instinct de protection paternel. Ne retenant de notre prose que l'agression par les quatre individus à Condom, et le décor de film d'horreur où nous passerons la nuit, il saute immédiatement sur son téléphone pour nous appeler. N'ayant effectivement du réseau que par intermittence, son appel sonne d'abord dans le vide. Rongeant son frein, en proie à une vive inquiétude, il est à deux doigts de déclencher le plan ORSEC, lâchant sur notre piste toutes les brigades de gendarmerie de la région. Heureusement, je trouve quelques minutes plus tard son message affolé sur ma boîte vocale et comprend, après l'avoir rassuré, que nous étions vraiment tout proche d'être évacués par un hélicoptère de la sécurité civile. Ouf !

Le soir, au milieu d'une assiette de riz, nous faisons la connaissance du propriétaire, venu nous demander de le rejoindre dans sa cave pour un apéritif. Nous n'avons pas le temps de dire oui, qu'il est déjà parti. Tant pis pour le repas, nous finirons plus tard. Le geste est louable et permettra de faire oublier l'accueil de l'après-midi.

Nous retrouvons la famille normande au milieu de dizaines de tonneaux d'Armagnac et dégustons avec eux les bons crus de notre hôte, sans toutefois parvenir à le cerner. L'homme laisse en effet peu de place à l'échange, ses bonnes intentions se révélant à nos yeux des coups d'épée dans l'eau. De plus, le tarif pour la nuit se révèle finalement beaucoup plus cher que celui annoncé par téléphone.

Un peu plus tard dans nos lits, nous ruminerons sur cette triste fin de journée, frigorifiés par une climatisation que le propriétaire s'obstine à vouloir laisser allumée, alors que nous n'avons même pas eu droit à une couverture sous laquelle nous blottir.

Le lendemain matin, le petit déjeuner (constitué d'une moitié de baguette cédée à la va-vite la veille et d'une brique de jus de fruit entamée), est vite avalé et nous mettons les

voiles au premières lueurs de l'aube, sans même un regard derrière nous. Tôt le matin, la nature se révèle souvent généreuse, offrant des scènes buccoliques à qui sait ouvrir l'œil et ne pas la déranger. Lapins, biches et faons nous ouvrent le chemin, nous rendant nos yeux d'enfants.

Sur les conseils du propriétaire de la ferme, nous prenons la direction qu'il nous a indiquée afin de rejoindre le GR en coupant un peu. Le chemin est parait-il fléché comme une variante. En effet, la coquille est visible par endroit sur les premiers kilomètres. Mais, faute d'inattention ou balisage imparfait, nous finissons par perdre la trace et en sommes réduits à la technique du doigt mouillé. Cette dernière a ses limites... Un peu plus loin, un monsieur d'un âge avancé, circulant sur un cyclomoteur, nous aborde.

— Vous allez où comme ça ?
— Nous essayons de retrouver la route pour Eauze.
— Ouh là ! Vous partez dans la mauvaise direction !

Pas de chance décidément ! Habitant quelques dizaines de mètres plus loin, il nous propose de prendre le café chez lui. Nous acceptons de bon cœur. Une rencontre que seule notre démarche semble pouvoir susciter, car quel inconnu nous offrirait, après deux mots échangés, de prendre le café dans notre vie de tous les jours. Et accepterions-nous d'ailleurs ?

L'homme, parisien dans l'âme, vit seul dans une grande batisse en partie délabrée sur laquelle sa femme avait craqué quelques années avant de mourir. Déraciné de sa ville natale, il se retrouve maintenant isolé dans une vie qu'il n'avait finalement pas choisie. L'échange nous donne à tous le sourire mais, ayant pris beaucoup de retard avec nos déambulations inutiles, nous ne pouvons nous attarder. Sur ses conseils, nous rebroussons chemin et retrouvons la route menant à Eauze ; une nationale que nous devrons longer pendant près de deux heures. A défaut d'un raccourci, ce sont pas moins de dix kilomètres supplémentaires que nous avons ajoutés au compteur ce jour, et ceci au milieu des bouffées de gazole et des concerts de moteurs !

Terres d'"Armagnac oblige, l'étape suivante, d'Eauze à Nogaro, se fait en partie au milieu des vignes, dans un brouillard tardant à se lever. Nous atteignons le gîte communal en début d'après-midi en même temps que notre famille d'Evreux. C'est une tradition pour eux, depuis plusieurs années, de consacrer une partie de leurs vacances à la marche. Ils ont déjà parcourus les Cévennes, la Via Podiensis du Puy à Conques, et entament cette saison le chemin jusqu'à Saint-Jean-Pied-de-Port. Nous sommes touchés par ce foyer uni, où parents et ados partagent le même projet, heureux d'avancer main dans la main. A bien y réfléchir, c'est la seule famille de marcheurs que nous croiserons de toute l'aventure.

Le gîte offre tout le confort souhaité et le circuit automobile « Paul Armagnac », situé juste à côté ne nous empêchera aucunement d'y trouver un sommeil serein. La ville possède aussi son arène taurine, objet de dépaysement pour nous autres franc-comtois. La France défile ainsi sous nos pas, agrégat de cultures et de traditions ancestrales façonnant l'urbanisme et les paysages. Un renouveau permanent...

Dans le dortoir, nous repérons également un petit groupe de jeunes gens, dépassant tout juste la vingtaine. Une rareté ici, surtout après Conques, où le Chemin est avant tout le territoire du cheveux grisonnant.

Le lendemain promet d'être une longue étape, qui devrait nous conduire à Aire-sur-l'Adour. Comme les normands, nous préférons éviter les fortes chaleurs annoncées, et réglons le réveil à 5h. Nous nous retrouvons à l'heure dite, yeux mi-clos et démarches sinueuses, pour un petit déjeuner précoce où les conversations se font à voix basse pour ne pas gêner les dormeurs. Peu de temps après, les lampadaires de Nogaro éclairent nos premières foulées tandis que le soleil tarde à se lever. En fait de chaleur, nous marcherons toute la journée sous un ciel orageux, qui attendra nos derniers pas pour déverser son trop-plein d'eau.

Moment d'exception, nous fêtons en cours de route notre millième kilomètre. De quoi redonner un peu de baume au cœur quand la fatigue s'impose chaque jour un peu plus à nous.

1000 km à pied, ça use, ça use !

1000 km à pied, ça use les mariés ! Chantons-nous à tue-tête.

Mais l'envie commune d'avancer et la proximité de Saint-Jean nous détourne de toute vélléité de repos.

A la frontière du Gers et des Landes, nous traversons les premières forêts de pins, aux sentiers sablonneux et aux ornières redoutables pour Wheelie. Tous deux manquons de peu de tomber dans ces mares à crapeaux à plusieurs reprises. Puis vient la vallée de l'Adour, où les terres alluvionnaires sont propices à la monoculture céréalière. A perte de vue, le maïs monopolise ici les paysages. Des racines à la tige, et des épis aux feuilles, nous pourrons à loisir en étudier toutes les composantes sur des dizaines et des dizaines de kilomètres. Après quelques jours de ce régime, l'indigestion sera proche !

Partis tôt le matin d'Aire-sur-l'Adour, nous comptons trouver sur la route un commerce où faire quelques emplettes. Mais midi sonne sans que nous ayons trouvé le moindre magasin. Notre dernier espoir, Pimbo, charmant petit village où le pèlerin fait généralement halte pour visiter sa collégiale Saint-Barthélemy, est malheureusement une déception. Rien n'est ouvert, pas même le gîte devant lequel une affichette nous nargue en listant les en-cas en vente ici, et qui nous mettent l'eau à la bouche. C'est le temps des vaches maigres...

Réunion au sommet. Devons-nous patienter ici ou repartir pour Arzacq-Arraziguet, prochaine commune à six kilomètres de là ? En aurons-nous la force sans rien dans le ventre ?

Nous en sommes à ces interrogations quand apparaît, tel un deus ex machina, un homme dont l'attitude fait penser qu'il nous connaît.

— Just maried, n'est-ce pas ? Saint-Jean-Pied-de-Port, La Rochelle ?

Nous sommes un instant médusés. J'ai beau me triturer les méninges, mais cette personne ne me dit rien !

— Je suis Jean-Jacques. Je voyage avec ma femme Marie-Christine et notre petit-fils. C'est René qui nous a parlé de vous.

Radio camino fonctionne encore ! Notre compagnon des débuts nous précède maintenant d'un ou deux jours, répandant la bonne parole dans les gîtes où il fait étape.

Nous apprenons que Jean-Jacques et Marie-Christine se sont rencontrés sur le Chemin treize ans plus tôt. Voyant que nous nous sommes cassés le nez sur la porte du gîte, ils nous offrent généreusement une portion de leurs sandwichs. Ouf, l'estomac commençait à défaillir !

Un peu plus tard arrive la famille d'Evreux, avec qui nous partageons une dernière boisson chaude, préparée sur notre petit réchaud.

Eux s'arrêtent ici pour la nuit.

Des rencontres et des adieux, voilà qui rythme chaque jour notre aventure.

A Arzacq-Arraziguet, on s'affaire dans les rues. Là, on monte une estrade, ailleurs, on accroche des banderoles colorées. Pas de doute, la fête se prépare ! Une fête qui aurait pu devenir un cauchemar pour nous car dès la nuit suivante, le gîte communal doit fermer et la plupart des logements afficheront complet. C'était moins une !

Le lendemain nous offre un autre moment fort lorsqu'au détour d'un large chemin de gravillons blancs, se profile à la lumière du soleil levant, la chaîne des Pyrénées ponctuée de neiges éternelles. Et comme pour nous confirmer cette vision, surgissent devant nous deux cerbères dont un Patou blanc, le chien de montagne des Pyrénées, impressionnant avec ses 70 cm au garrot. Venus dans un premier temps nous renifler, ils consentent à nous laisser entrer sur leur territoire non sans quelques aboiements et grognements qui ne sont pas faits pour nous rassurer. Pour ne pas les inquiéter ni susciter de leur part des réactions d'agressivité, nous faisons toutefois oublier nos bâtons de marche en les repliant discrètement. Prudence. Beaucoup de récits de pèlerins font état à un moment ou à un autre d'une mésaventure avec l'un de ces compagnons à quatre pattes. Peu de temps avant d'ailleurs, Radio Camino nous avait rapporter l'histoire d'un randonneur mordu au mollet près du Puy-en-Velay, l'obligeant à un abandon prématuré. J'avais moi-même essayé de caresser le chien en question, mais devant son attitude, je ne m'y étais pas frottée. Mon instinct m'invite à rester encore sur nos gardes. Ce serait triste d'être mis sur la touche si près de Saint-Jean !

Nous avons réservé une chambre chez l'habitant, à proximité d'Arthez de Béarn. Une dame âgée, veuve, nous reçoit, mais le premier contact est glacial, se limitant au strict minimum. Pour quitter cette atmosphère un peu pesante où nous avons l'impression de déranger, Karel, qui a encore des réserves, décide d'aller jusqu'au village, quelques dizaines de mètres plus loin d'après lui, pour y faire nos courses. Ce qu'il ne sait pas c'est qu'Arthez, perché sur une crête, nécessite encore deux bons kilomètres de montée pour l'atteindre, le tout sous un soleil de plomb. Si le dialogue avait été plus facile avec notre hôte, nous aurions pu avoir cette information. Il rentrera épuisé. Je profite de son absence pour tenter d'engager la discussion et parvient peu à peu à briser la carapace de la propriétaire. Karel me dit souvent que j'ai ce don. J'en apprends plus sur sa vie et la perte de son époux deux ans plus tôt. Ce sont ses filles qui l'ont poussée à ouvrir des chambres d'hôte pour rompre avec la grisaille et lui changer les idées. En échange, je lui parle de notre voyage de Noces, lui donnant peu à peu le sourire. Le lendemain matin, lorsque nous la quittons, nous avons l'impression d'avoir affaire à une toute autre personne. Elle a tenu à nous offrir un petit déjeuner royal, comme un cadeau pour notre mariage, et lorsque nous franchissons son portail, nous nous serrons dans les bras l'une l'autre comme de vieilles amies. Moment très émouvant.

L'étape suivante est marquée par une motivation en berne. Avec les champs de maïs pour seul horizon pendant des kilomètres, et une fatigue décuplée par la monotonie du paysage, le choix de notre hébergement se porte sur Sauvelade, où un gîte borde une abbaye à l'architecture massive du XIIe siècle. Dix-huit kilomètres seulement au compteur ce jour, mais aucune volonté d'aller plus loin. Les responsables de l'accueil ont pourtant été honnêtes avec nous : le complexe de l'abbaye comprend aussi une salle des fêtes communale (juste en face, à quelques mètres) où les festivités d'un mariage sont prévues le soir-même. La nuit risque d'être agitée... Mais tant pis, nous misons sur un sommeil de plomb, et des boules quiès performantes pour sortir indemne de cette épreuve ! Comme nous, le groupe des jeunes rencontrés à Nogaro posent ici leurs affaires. L'occasion pour nous de faire leur connaissance autour d'un verre. Ils sont cinq, partis séparément du Puy et ayant décidé de faire la route ensemble, après s'être découvert des affinités communes. Edwige, Dominique, Livia, Emmanuel et Raphaël. Certains ont changé leur programme, bouleversant le voyage qu'il s'était fixé initialement, pour aller le plus loin possible avec le groupe, tant que leurs finances et leurs engagements le permettent. Ils portent sur eux le plaisir procuré par cette rencontre.

Livia, petit bout de fille, partie avec une tente et trois fois rien, nous étonne par son courage. Faute de moyens, elle dort dehors la plupart du temps, profitant des cours d'eau pour faire sa toilette. Ce soir, au moins, elle pourra accéder aux sanitaires communs.

Cet après-midi-là, nous devons aussi faire l'article de notre ami Wheelie auprès d'un groupe de seniors bretons. Séance photos, description technique, tout y passe pour satisfaire leur curiosité. Mais lorsqu'il s'agit d'être mis à l'honneur, Wheelie n'est jamais à court d'arguments et de temps !

Finalement c'est au son des chants basques et des standards de Patrick Sébastien que nous parviendrons à trouver le sommeil, bercés par ce curieux brassage musical, atténué avec bonheur par d'indispensables bouchons d'oreille. Viva la Fiesta !

Quand nous quittons le gîte vers 6h30, nous nous trouvons nez à nez avec quelques irréductibles fêtards à la forme déclinante et au phrasé pâteux et approximatif qui, à la lumière des dernières vapeurs d'alcool, semblent refaire le monde. Ils lèvent leurs verres à moitié vides en nous souhaitant bonne route. Nous leur souhaitons une bonne nuit en retour.

Une bruine persistante nous oblige à enfiler les ponchos et à couvrir Wheelie de ses habits de pluie. Nous ne le savons pas encore mais débute alors l'un des mois de juillet les plus pluvieux depuis bien longtemps ! La visite de Navarrenx, ville marquée par l'architecture militaire, aux multiples enceintes et fortifications, s'en trouve écourtée. Nous la quittons après quelques courses par la porte Saint-Antoine, et continuons notre route à travers les ondulations du Béarn des gaves[5] jusqu'à Lichos, qui marque notre première incursion en pays basque. Sur la route se trouvent disséminées depuis quelques jours de petites ardoises, clouées à des troncs d'arbres, et révélant, inscrites à la craie blanche, des pensées tirées de l'Alchimiste[6]. Leçons de vie qui ont le mérite de rythmer la journée et, à l'occasion, de révéler par des

---

[5] Nom donné aux cours d'eau dans la région.
[6] *L'Alchimiste* de Paulo Coelho

citations concises le fond de notre pensée. « L'obstacle t'est proposé pour que tu le dépasses », « Le chemin est beau parce que tu le fais ». « La richesse d'une rencontre vaut mieux que rencontrer la richesse », « Tais-toi, écoutes ! », « Avoir l'audace de croire et le courage de faire »... Philosophie si évidente lorsqu'on peut prendre le recul nécessaire, mais si difficile à faire sienne face aux péripéties de la vie courante !

L'une de ces pancartes orne un vieil arbre trapu aux décors pour le moins surprenant. S'y trouve accrocher une ribambelle d'objets hétéroclites laissés par les marcheurs de passage : guirlande de coquilles, petits drapeaux, chaussures usées, briquets, couvre-chef, bonbons, pendentifs ou statuettes. On trouve de tout ! Dons du pèlerin au Chemin,

objets inutiles dont on se soulage ou participation volontaire à la dégradation du milieu naturel... Nous ne connaîtrons jamais vraiment la signification de ce salmigondis spirituel.

Le lendemain, sur la route d'Ostabat, nous passons à proximité de la stèle de Gibraltar, marquant symboliquement la jonction entre les trois voies de Compostelle mentionnées par le moine Aimery Picaud au XIIe siècle dans son Guide du Pèlerin.

Le paysage se fait plus vallonné, les dénivelés permettant de magnifiques points de vue sur les Pyrénées toutes proches. A Harambeltz, nous allions passer à travers le petit village sans nous arrêter, quand nous apercevons un jeune homme assis sur sa moto devant un monument.

— Vous voulez visiter ?

Curieux, nous acceptons. Il sort de sa poche une grosse clé et, tout en guettant du coin de l'œil nos réactions, nous introduit dans la petite chapelle romane à côté de laquelle nous serions passés sans même la remarquer. Notre surprise doit le ravir tant nous sommes bouche bée par la richesse du décor et le magnifique travail de restauration effectué sur cet édifice médiéval. Lieu d'accueil des jacquets pendant des siècles, ce prieuré hôpital, dédié à Saint-Nicolas, fut fermé sous Louis XVI, avant que quatre familles de donats[7] s'en instituent co-propriétaires. Depuis, elles en assurent l'entretien régulier et nous ne serions pas surpris que ce jeune ouvreur de porte en soit l'un des descendants. En le quittant nous le remercions vivement mais n'apprendrons que plus tard l'histoire particulière de cette chapelle millénaire.

La vieille maison Ospitalia, dont les propriétaires accueillent traditionnellement les pèlerins de génération en génération, est notre étape du jour à Ostabat. Un homme seul semble la gérer, en plus de ses occupations de paysan et de berger. Les jeunes marcheurs étant déjà là, c'est avec eux que nous découvrons les lieux et notre chambre située dans la chaleur étouffante des combles. La bâtisse, ancienne, offre un confort rudimentaire et parfois cocasse. J'en prends conscience lorsque je dois me plier au rituel quotidien.

— Je peux utiliser la salle de bain ?

Edwige me répond.

— Si tu veux. Il y a deux douches. Mais Emmanuel en utilise déjà une.

---

[7] Communauté laïque et familiale dont les membres, liés par des vœux mineurs, étaient voués au prieuré.

Pas de problème. Je m'imagine alors les sanitaires habituels des dortoirs ou des internats où, dans le pire des cas, un rideau permet de garder un peu d'intimité. Je déchante vite. Ici, pas de rideaux, mais deux douches aux parois vitrées se faisant face. A part compter sur la buée pour créer un peu d'opacité, j'ai du mal à m'imaginer dans ce tête à tête. La toilette, ce sera pour plus tard !

En fin d'après-midi, le maître des lieux arrive sur place après avoir conduit son troupeau de brebis au champ. Assis sur un banc devant sa maison, il nous reçoit un à un afin de tamponner notre créanciale. Nous voilà regrouper à la queue leu leu, à attendre notre tour. On pourrait nous croire être venus confesser nos péchés.

Cet hospitalier de tradition familiale n'est pas venu les mains vides. Pour partager un moment de convivialité autour de son salon de jardin, il débouche une bouteille d'un apéritif local dont je ne pourrai malheureusement apprécier les saveurs à leur juste valeur. En effet, sitôt le nectar sucré versé dans les verres, une nuée de mouches fond sur nous pour s'y tremper la trompe. Le défi consiste à les disperser d'un mouvement de la main pour vite avaler une gorgée d'alcool avant qu'elles ne reviennent, toujours plus nombreuses et affamées. A ce jeu-là, on n'est pas à l'abri d'en croquer une ou deux au passage !

Dans la cuisine, même problème, à tel point que songer y manger suffit à nous couper l'appétit. Tant pis, nous grignoterons un morceau de gâteau dans notre chambre avant de nous endormir.

Le temps lourd, qui a fini par tourner à l'orage dans la nuit ne nous a pas aidé à trouver facilement le sommeil. Sous un ciel maussade, nous partons vers 6h du matin pour notre ultime journée de marche sur la Voie du Puy. Nos cœurs commencent à battre au rythme des émotions qui nous submergent. Il est vrai que Saint-Jean-Pied-de-Port doit marquer pour nous l'un des principaux temps forts de notre parcours. C'est la fin de la Via Podiensis, d'un cheminement intense, sans pause, depuis le Puy-en-Velay. La fin d'une route de légende battue par tant de pieds, de sandales et de godillots au cours des siècles. La fin d'une voie de rencontres et de destins partagés. Elle ouvre pour nous une nouvelle étape, que nous voulons plus tranquille, et moins sportive, la récompense de l'effort accompli sous le soleil des plages de l'Atlantique. On le mérite, non ?

Pour cette journée particulière, le pays basque déploie ses plus beaux paysages, verts, tout en rondeur où se profile, si proche, la chaîne des Pyrénées. Aux abords des villages traversés, aux noms fleurant l'exotisme, nos yeux goûtent les symboles d'un pays à part. Les terrains de pelote dressent fièrement leur frontis[8] colorés, au milieu de maisons typiques, aux crépis blancs et aux boiseries teintées de ce rouge caractéristique, dont la couleur rappelle le sang de bœuf utilisé aux origines.

Et puis, les pancartes du GR égrainent les kilomètres restants avant notre objectif. 10 ! 5 ! Saint-Jean-le-Vieux mériterait une visite, ou un arrêt casse-croûte mais plus rien ne compte si ce n'est l'arrivée. Plus que 2 km ! Le pouls s'accélère à mesure que nos pas s'allongent. Derniers efforts, dernière ligne droite. La citadelle de Saint-Jean apparaît au sommet de la colline de Mendiguren. Il va falloir grimper là-haut pour atteindre la porte fortifiée donnant accès à la ville. On souffle, on ahane. Sans nous en apercevoir, nous courons presque sur ces derniers mètres, comme des marathoniens à l'approche de la victoire. Et puis

---

[8] Mur principal sur lequel les joueurs de pelote basque lancent la pelote.

ça y'est ! Un groupe de touristes au loin se fait photographier au pied de la porte. Ils regardent curieusement arriver notre attelage mais sans plus. Nous ne sommes pas les premiers marcheurs à avoir atteint ce but aujourd'hui !

La voilà, Jondoni Jakobe Atea ! La porte Saint-Jacques en basque, ouvrant une brèche à travers l'enceinte de la ville. Aussitôt, nous immortalisons l'instant avec l'aide d'un

passant qui veut bien prendre nos trognes hallucinées en photo. Le banc devant l'entrée de la ville est là pour nous, accueillant pour un moment nos séants victorieux. Un bref instant, ici, respirant à pleins poumons le savoureux parfum de l'accomplissement, nous avons l'impression de n'avoir plus rien à prouver. Sensation vertigineuse et passagère dont il faut savoir profiter quand elle se présente.

Car finalement nous sommes des millions à être passés par ici, vibrant à la même émotion. Mais ce bonheur-là se partage et ça fait tant de bien !

Bien vite les vieux réflexes reprennent le dessus : faire tamponner la créanciale, prévoir le ravitaillement, rejoindre un hébergement... Pas de repos pour les braves !

Une ruelle pavée nous conduit tout droit à l'association œuvrant pour l'accueil des pèlerins, où une foule de gens se pressent, les uns crottés de leur marche de la journée, les autres étrennant un équipement encore rutilant. Entre ceux qui terminent leur voyage, les randonneurs en transit et les futurs courageux qui embarquent vers Compostelle, nous devons attendre notre tour pour converser avec l'un des bénévoles. Il prend tout de même le temps de nous poser quelques questions sur notre itinéraire et notre histoire mais la foule dense empêche de développer trop longtemps.

Clac !

Son coup de tampon nerveux résonne d'une douce sonorité à nos oreilles, validant notre Via Podiensis, et par là-même, toute notre démarche.

Chapitre VI : DÉTOUR PAR LES TOURS

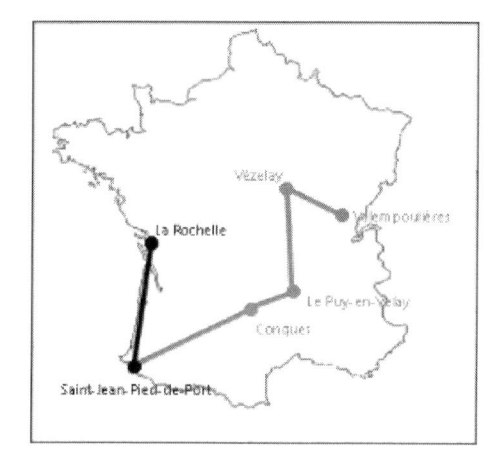

Carnet de route de :
Karel
Kilomètres parcourus a ce jour :
1 179 km
Date :
Du 13 au 28 juillet 2011

Sitôt un objectif atteint, il est bon d'avoir déjà le suivant en tête. Lorsque nous montons dans le train pour Bayonne, ce 13 juillet, c'est avec le frisson qui précède les retrouvailles. Des retrouvailles depuis longtemps attendues avec l'Océan, l'air marin, l'air des vacances et de la détente !

Faute de mieux, ce sont d'abord les relents de gazole qui, à peine débarqués sur le quai de la gare, viennent titiller nos narines. Suit un slalom ininterrompu, sous un ciel chargé, entre les passants et les voitures dans les rues animées de la cité basque. Les touristes sont là, nombreux, se retournant avec une pesante insistance sur notre curieux trio, ce qui ne manque pas de susciter chez nous un sentiment de malaise.

Nous sommes comme vous maintenant, des vacanciers, ni plus, ni moins !

Les regards sont parfois hostiles. Du moins le ressentons-nous ainsi. Vite, il faut se sortir de là ! Nous dépareillons trop au milieu de tous ces mollets blancs.

Quel contraste avec les deux mois que nous venons de vivre !

La décision est vite prise. Les belles idées de farniente et de grasses matinées s'envolent déjà. Après une courte nuit dans un modeste hôtel d'une zone industrielle, nous partirons dès le lever du soleil, demain, afin d'éviter l'oppressante cohue.

C'est chose faite, à 7 heures. Sauve qui peut !

Dans des rues encore désertes, guidés par un soleil orangé s'élevant entre les deux tours de la cathédrale Notre-Dame de Bayonne, nous filons en douce, remontant la rive de l'Adour qui, comme nous, n'a d'autre aspiration que de rejoindre l'Atlantique. Triste spectacle que ces abords de ville, faits de terrains vagues et d'espaces industrialisés.

Allez, on oublie et on avance !

Et puis, près de Tarnos, une pancarte nous indique enfin un accès à la plage. Je crois que j'attendais cet instant depuis mes premiers pas devant cette salle de fête, il y a tout juste deux mois. Derrière chaque colline un peu difficile à franchir, du Jura au Morvan, et de l'Aubrac au Quercy, je m'imaginais découvrir derrière, la vaste étendue maritime. Quelle plus belle évocation du voyage, de l'inconnu, de la découverte ! L'infini à la portée de tous...

Wheelie s'élance à l'assaut d'une dune, poussant Marie-Agnès, à moins qu'elle ne le tire. Je les suis, profitant pleinement de l'instant. A l'approche du sommet, des bourrasques de vent viennent ébouriffer nos cheveux, apportant leurs effluves d'iode et leurs saveurs salées. Enfin le voilà, d'un bleu-vert tacheté d'écumes, vivant, remuant, exactement comme nous ! Nous savourons le spectacle de ce nouveau présent posé sur notre route.

N'y a-t-il rien de plus beau que ces petites récompenses qu'on accepte de s'accorder après l'effort ?

Rejoindre le camping où nous devons passer le nuit, à quelques kilomètres de là, est une autre histoire. Marcher, et surtout rouler dans le sable s'avère prodigieusement laborieux. Nous nous en abstiendrons à l'avenir, privilégiant les pistes cyclables et les petites routes longeant la côte.

Ce jour de fête nationale, nous n'admirerons aucun feu d'artifice. Ils ont été tirés la veille ! Pas de chance. A la place, un pique-nique et une petite baignade improvisés le soir sur une plage déserte. Un vrai bonheur que nous partagerons à deux, sans Wheelie resté dans la tente faute de pneus adéquates.

Le lendemain, un arrêt à l'office du tourisme d'Hossegor nous permet d'obtenir un plan qui nous aidera à suivre la voie verte des landes.

Heureuse surprise lorsque nous nous arrêtons dans un nouveau camping en fin d'après-midi. La gérante repère le minuscule pendentif en forme de coquille Saint-Jacques que Marie-Agnès porte autour du cou depuis Vézelay.

— Vous faites le chemin de Compostelle ?
— Heu oui. On peut dire ça.
— Dans ce cas-là, pas question de payer. Je vous offre l'emplacement.

Cette attention rare en terre de tourisme nous émeut et nous la remercions chaleureusement. Tout comme nos finances !

Le lendemain, à Moliets-et-Maâ, c'est un homme charmant qui nous aborde alors que nous dégustons quelques légumes crus sur un banc. Lui aussi nous demande si nous faisons le chemin de Compostelle. Cette fois, c'est la coquille se balançant à l'arrière du sac-à-dos, également acquise à Vézelay, qui a attiré son attention. Il se présente comme l'un des baliseurs d'une association œuvrant à promouvoir la voie du littoral (ou voie du Soulac). Lui et ses collègues bénévoles tracent à travers les landes des sentiers de randonnées offrant pour les marcheurs une alternative aux pistes cyclables, et mettant en évidence, par la même occasion, un patrimoine local souvent méconnu. Sur ses conseils, nous quittons notre itinéraire pour nous laisser guider par le balisage bleu et sable d'or devenu si familier... Ceci sur quelques kilomètres à peine, car bien vite, nous nous apercevons que le guidage ne se fait que dans un sens, du nord vers le sud (logique bien sûr). Après avoir frôlé le torticolis en nous retournant tous les deux mètres, de peur de manquer une bifurcation, puis écarter l'idée, malcommode, d'avancer à reculons, nous jetons l'éponge et regagnons la voie verte. Ce long ruban de bitume entouré de forêts de pins, s'étirant jusqu'à l'horizon dans une interminable ligne droite, se transformera peu à peu en cauchemar au fil des jours. Nous avançons avec l'impression de faire du sur-place. Le paysage est statique sans jamais daigner offrir une vue sur l'océan. Et, si l'envie nous prenait d'aller y piquer une tête, et en admettant que nous trouvions un chemin praticable nous y menant, la plage est souvent à deux kilomètres de la piste cyclable. Une broutille en vélo, mais à pied, c'est une autre affaire, qui retarderait trop notre voyage. Au moins, nous ne sommes pas soumis à la tentation, car le temps est maussade et le restera jusqu'à la fin du mois de juillet.

Evaporées, les promesses d'oisiveté béate sur le littoral landais ! Le Chemin nous forcerait-il à l'arpenter, encore et encore, jusqu'à la destination que nous nous étions fixée ? Aucune pitié ! Mais pourtant le moral est toujours là, et le plaisir de marcher ensemble toujours intact.

Seul problème, le déficit de soleil ne nous permet pas de parfaire nos bronzages de randonneurs, qui élèvent nos corps au rang d'œuvres d'art ambulantes. Terres de contraste, clair-obscur rembranesque, vision symbolique du yin et du yang. Libre à chacun de leur donner la portée qu'il veut. Pour nous, c'est avant tout de méchantes marques blafardes en lieu et place des chaussettes et du tee-shirt.

Ce jour-là, j'y vois une excuse toute trouvée pour ne pas faire étape au domaine naturiste d'Amaoutchot. Pourtant, Marie-Agnès, fatiguée par une journée de marche harassante, est prête à dormir dans le premier camping, textile ou non, qui se présentera.

— Allez ! Une fois sous la tente, on ne bougera plus si tu veux ! Me dit-elle suppliante devant mes réserves.

J'hésite un instant. Pourquoi ne pas pousser l'aventure jusque dans ses derniers retranchements... D'autant que le prochain hébergement est à plusieurs kilomètres et que je crains pour sa santé. Un sentiment d'abnégation chevaleresque se met à bouillonner en moi. Don de soi. La passion à son paroxysme. Pour elle, je me sens prêt à faire voler en éclat préjugés et pruderies... Et puis... et puis l'excuse du bronzage arrive à point nommé, et nous repartons pour une ou deux heures supplémentaires de marche.

Les jours se succèdent ainsi, sous la pluie, la bruine, les ondées ou parfois le crachin, à endurer intempéries et averses entre deux rincées humides. Nous portons nos besaces au milieu des rangées de pins, des forêts de conifères, des sylves d'abiétacées et de résineux à aiguilles... Que de mots à l'usage des écrivains pour tenter de distiller un peu de saveur dans un récit qui pourrait, autrement, se révéler d'une morne platitude. Les étapes nous semblent à rallonge, laissant l'amer impression de marcher sur l'un de ces tapis de course, emblèmes des salles de sport. Le panorama est toujours le même ! Mo-no-to-ne !

Nous comptions sur le bassin d'Arcachon pour apporter quelques nuances dans ces paysages monolithiques mais, goguenard, le destin nous prive de cette parenthèse dans notre avancée laborieuse vers le nord. En effet, notre carte nous ayant appris que la côte entre Mimizan et Biscarosse était une zone militaire interdite, vouée aux essais de missiles, nous décidons de prendre un transport en commun pour la contourner, qui doit nous conduire à proximité du bassin d'Arcachon. Dans ce train confortable où Wheelie attire encore une fois tous les regards, nous soufflons un peu, heureux de voir pour une fois les kilomètres défiler si vite, qui plus est à l'abri du mauvais temps. La durée du trajet, un peu longue, ne nous met toutefois pas la puce à l'oreille. Et puis soudain, une voix dans le haut-parleur.

— Bienvenue en gare de Bordeaux. Assurez-vous de n'avoir rien oublier dans le train. Bordeaux ! Terminus de ce train.

Voilà qui nous laisse sans voix ! De honte ou de dépit, nous sentons tous deux le rouge nous monter au visage, avant de nous forcer à en sourire. Nous ne saurons jamais comment nous avons atterri là ! Bordeaux n'étant vraiment pas prévu sur notre carnet de route !

Perdus dans cette métropole, nous sommes lâchés en plein cœur d'une faune civilisée. Rude contraste à nouveau ! Rien ne semble fait pour nous faciliter la vie. Ne nous affolons pas et faisons le point. Pas question de revenir en arrière ou de reprendre un transport en commun. Le train, c'est terminé ! La seule chose dont nous sommes sûrs est que nous devons maintenant mettre le cap plein ouest pour rejoindre la côte. Sans panneaux d'affichage ni visages amicaux vers qui se tourner, c'est donc à la boussole que nous nous orientons dans cette jungle urbaine !

Quel spectacle doit-on donner !

Et quel spectacle la ville nous donne. A quelques pas de nous, nous sommes bouche bée en voyant un homme subtiliser les quelques piécettes récolter par un mendiant au cours de sa journée. Incroyable ! Courage, fuyons !

Après une nuit dans un hôtel écourtée par une famille pour le moins bruyante et irrespectueuse, nous filons tôt à la recherche d'une voie verte. Direction Lacanau !

Puis c'est reparti plein nord : piste cyclable, pluie, pins. Au sujet de cette portion du voyage, le blog délie notre plume pour quelques vers jubilatoires sur l'air de la chanson « Je ne suis pas bien portant » de Gaston Ouvrard.

J'ai les pieds courbaturés,
Les mollets ankylosés,
Et les jambes vermoulues,
La boussole un peu perdue.

A bon dieu qu'c'est fatiguant,
D'aller toujours d'l'avant,
A bon dieu qu'c'est fatiguant,
Même si c'est vivifiant !

J'ai les chaussettes toutes mouillées,
Le k-way tout trempé,
Le visage aspergé,
Et les lunettes pleine de buée.

A bon dieu qu'c'est fatiguant,
D'aller toujours d'l'avant,
A bon dieu qu'c'est fatiguant,
Même si c'est vivifiant !

Le Wheelie brinqueballe,
Son harnais s'est fait la malle,
Ses pneus sont dégonflés,
Et les roues pas bien centrées.

A bon dieu qu'c'est fatiguant,
D'aller toujours d'l'avant,
A bon dieu qu'c'est fatiguant,
Même si c'est vivifiant ! (mon oeil)

Le sort nous joue encore un tour à Hourtin Plage où nous nous engageons sur un chemin spécifié comme étant praticable à vélo (donc en wheelie, évidemment). Mais cette mince bande de bitume à peu près en état sur une première portion disparaît progressivement sous des mètres cubes de sables, pour réapparaître par endroit disloquée, morcelée en mille fragments épars. Nous voilà transformés l'espace de quelques kilomètres en savants archéologues mettant au jour une piste cyclable sortie du fond des âges ; gallo-romaine peut-être ?

Sans un sol stable la progression devient particulièrement difficile, et Wheelie se meut en poids mort aux roues cruellement inutiles. Ho hisse ! Inclinée à 45°, Marie-Agnès tire de toutes ses forces sur les poignées de la bête qui, revêche, se montre aussi têtue qu'une mule. Des sables mouvants ne nous causeraient pas moins de soucis !

Nous nous relayons ainsi jusqu'au camping du Pin sec pour y poser nos bagages, épuisés, laminés par une séance de sport dont nous aurions pu nous passer. Les muscles encore chaud mais l'esprit déjà au repos, je renouvelle avec Marie-Agnès le rituel d'édification de la tente, maintenant bien rôdé, au milieu d'autres campeurs à l'accent d'outre Rhin. Plus que quelques détails d'aménagement intérieur et je pourrai goûter au moelleux du matelas gonflable quand une inquiétude me gagne...

— Tu n'aurais pas vu ma veste polaire ?
— Non.
— Sûr ?
— Oui.

En un quart de secondes défile alors devant mes yeux toute ma vie... A tout le moins, les précédentes heures. Je suis sûr d'avoir eu ma polaire à Hourtin mais après ? Dès les premiers efforts dans la sable, et malgré un temps de grisaille, je me rappelle l'avoir enlevée pour l'attacher solidement (...ou pas) à Wheelie. Damned ! Elle est tombée... et loin en plus !

Dans un instant de faiblesse, je compte les jours nous séparant de notre arrivée à la Rochelle. 6-7-8 peut-être ? Le mois de juillet aurait été conforme à ce qu'on attendait de lui, je pourrais envisager de m'en passer, mais les jours prochains s'annoncent tout aussi froids et humides. Je ne peux pas me priver de ce vêtement chaud. Pas le choix, il faut que j'y retourne ! Et c'est reparti pour quelques kilomètres en arrière, dans un sable où l'on s'enfonce plus qu'on ne marche. Alors que je commence à désespérer, étant tout proche d'Hourtin, la veste apparaît enfin sur le bord du chemin. Maudite polaire ! Tu me vaudras quelques courbatures de plus ce soir !

Le lendemain, le 23 juillet sonne le glas de mes 33 ans, âge symbolique où en son temps, Alexandre quittait ce monde en l'ayant conquis, et le Christ en l'ayant sauvé. N'ayant pour ma part d'autre ambition que de débuter ma trente-quatrième année sous les meilleurs auspices, je laisse à Marie-Agnès le soin de nous trouver un excellent restaurant en bordure d'océan. C'est chose faite à Montalivet où nous dégustons sushis et fruits de mer bien à l'abri des bourrasques venant du large. Encore une journée mémorable !

En route pour Soulac, après une bonne nuit de sommeil, deux hommes nous doublent, juchés sur des trottinettes qu'ils mènent à vive allure sur la voie verte. Arrêtés un peu plus loin sur le bord de la route, victimes d'un incident technique qui les obligera à changer leur matériel à Bordeaux, nous engageons la conversation pour apprendre l'objectif qu'ils se sont fixés : faire le tour de France sur leurs engins à roulettes. Au gré de leurs congés, étape par étape, année après année, ces deux éducateurs niçois relèvent ce défi original alors que dans le même temps, à quelques kilomètres de là, d'autres routards font eux aussi, plus ou moins anonymement, leur bout de chemin sur cette terre. A pied, à cheval, avec un chien ou un âne, en duo ou en solo, nous aurons vent de beaucoup d'entre eux, venus s'accorder un temps de recul, et s'autoriser LA pause qui fait grandir. Une finalité poussant vers l'inattendu bien des âmes. Qui sommes-nous et qu'accomplissons-nous au milieu de tout ça ? Un défi personnel, rien de plus...

Puis de Soulac, nous longeons les rails permettant à un petit train rouge et jaune de rallier la pointe de Grave. Non sans un brin de jalousie, nous regardons les quelques touristes ayant bravé le mauvais temps rejoindre le prochain ferry bien à l'abri des confortables wagons. Nous ferons de même, mais à pied. On avait promis. Les trains, c'est bien fini ! La traversée de l'estuaire de la Gironde, sous une bruine vivifiante, nous permet d'aborder tranquillement, et sans peine, le dernier département de notre périple. Nouveau jalon sur notre route, une grande pancarte du Conseil général nous souhaite la bienvenue en Charente Maritime. Inutile de raconter notre émotion.

Royan déploie ses charmes de cité touristique et balnéaire où une foule dense erre, à l'abri du mauvais temps, en quête de distractions. A force d'habitude, nous ne faisons plus attention aux regards qu'on nous jette par-dessus l'épaule, la plupart simplement curieux ou interrogateurs. Mais depuis quelques jours, seul compte l'endroit où nous allons planter la tente le soir si bien que nous continuons notre marche le long de la côte urbanisée, où belles demeures, petites falaises et conches se succèdent. Le contraste est saisissant avec le littoral landais et girondin. Mais tout concoure à nous faire survoler le voyage : fatigue, pluie, froid, proximité du but...

Nous ne prenons certainement pas le temps nécessaire à la découverte et à la rencontre. Le lendemain, nous dépassons la Palmyre sous un déluge, puis Marennes, après avoir traversé le pont sur la Seudre, humant tout de même au passage l'ambiance iodée des parcs à huîtres et à gambas.

Sur la route tortueuse et étroite se faufilant dans les marais, aux alentours de Brouage, apparaît enfin un soleil annonciateur de jours meilleurs. Une chaleur douce et relaxante offre les conditions idéales pour prendre le temps de visiter cette ancienne cité portuaire ayant prospéré grâce au commerce du sel. Son lien privilégié avec l'océan perdu, celui-ci s'étant peu à peu retiré au fil des siècles, la ville compte désormais, à l'abri de ses remparts, plus de marchands de souvenirs et de vendeurs de crêpes que de marins.

La Rochelle est désormais en ligne de mire. Mais toujours pas de logement en vue une fois arrivés ! Augurant d'un climat plus clément -parier sur un temps d'été au mois de juillet n'était pourtant pas déraisonnable !-, nous n'avions pas prévu d'avaler la côte atlantique aussi rapidement. Un coup de téléphone au notaire nous confirme que nous n'aurons pas l'appartement plus tôt que prévu. Délais légaux, période de congés dans les administrations, manque de bonne volonté... Autant d'arguments pour nous convaincre d'attendre sagement. Et lui dire que nous avons parcouru quelques centaines de kilomètres à pied pour le rencontrer n'y changerait rien, visiblement.

Nous n'en avancerons pas moins rapidement. L'appel de la récompense toute proche nous tire de notre sommeil tous les matins, quand bien même, pataugeant dans une terre gorgée d'eau, nous faut-il replier une toile encore trempée des pluies de la nuit. Ce fut le cas les jours précédents, mais ce matin-là, la musique est toute autre. Inattendue, c'est une canicule qui vient nous cueillir au réveil, dans cette terre sans ombres, où le taux d'ensoleillement moyen est proche de celui du littoral azuréen. Peu d'arbres ici pour s'y abriter le temps d'une pause. Une heure à peine après le petit déjeuner, nous décrétons une pause à l'issue d'une modeste grimpette. Le soleil cogne fort et un arbuste au sommet de la côte semble être le seul disposé à nous accueillir sous son ombre avant un bon moment. Une montée, du soleil ! Voilà qui est inédit depuis bien longtemps. Est-ce pour cela, mais au moment de repartir, le paysage des marais se met soudain à tourner autour de moi en une valse interminable. Vertiges ! Je me suis pourtant bien nourri ce matin, sans être en manque de sommeil. Je porte aussi une casquette pour me dispenser d'une insolation. Bizarre ! La pause se prolonge un peu plus, puis nous reprenons finalement le cours de notre route... Pour quelques kilomètres avant de vivre à nouveau ces tourbillons inquiétants. Nous sommes à Soubise, petite commune dominant la Charente et qui en commandait autrefois la navigation. Me laissant au repos sur un banc, Marie-Agnès traverse la ville pour me trouver des vitamines, des fruits et du pain, sur les conseils d'une pharmacienne. Les vertiges continuent même assis, mais le remède semble peu à peu faire son effet. Mon corps se vengerait-il de ce que je lui ai infligé ces derniers temps ! Heureusement, ce n'est qu'une mise en garde sans conséquence et la marche peut reprendre avec en tête une leçon de plus : Qui veut voyager loin, s'il doit ménager sa monture, doit également prendre soin de lui !

Enserrée dans un méandre de la Charente, Rochefort ne se laisse pas aborder si facilement. A première vue, un seul pont routier supportant une 2x2 voies permet d'y accéder mais la

traversée promet d'être dangereuse et stressante. Une autre option s'offre toutefois à nous un peu plus loin : Le dernier transbordeur de France. Ouvrage d'art réalisé en 1900 pour relier les deux rives sans gêner la circulation maritime, cette architecture où dominent deux immenses pylônes métalliques nous donne d'abord l'impression d'un pont en voie de construction, auquel il manquerait encore le tablier. En fait, une plate-forme permet aujourd'hui aux piétons et aux cyclistes de traverser la Charente suspendus au-dessus de l'eau.

Arrivés au pied de l'infrastructure, un panneau nous invite à faire signe à l'employé qui doit se trouver de l'autre côté de la rivière.

— You hou ! On est là !

Gesticulations bien vaines puisque ce moyen de transport ne fonctionne pas pendant la pause de midi. Nous avons l'impression de changer de siècle, lorsqu'il fallait attendre le bon vouloir d'un passeur pour traverser une rivière, quand le temps était moins compté qu'aujourd'hui. Et bien soit, la sieste sur un banc ombragé n'en est que meilleure quand on a d'autre choix que de patienter.

    Enfin à 14h, la nacelle se met en branle, déjà chargée de touristes. Malgré son succès, on est tout de même loin des deux cents personnes (ou des neufs voitures à cheval) qu'elle devait transporter à l'origine. Quatre minutes de traversée avant de poser les pieds -et les roues- dans la banlieue de Rochefort. De nouveau, la même sensation de ne pas être à notre place nous envahit et c'est au pas de course que nous traversons la cité charentaise, après un bref arrêt à l'office du tourisme pour y glaner la liste des hébergements pouvant nous accueillir à la sortie de la ville. Notre choix se portera sur le camping de Vergeroux à deux pas de l'autoroute. Cette-nuit-là, le murmure lancinant des moteurs n'est point la cause de notre difficulté à trouver le sommeil. C'est plutôt l'excitation d'être tout proche du but qui nous tient une partie de la nuit en éveil. Une pancarte à la sortie de

Rochefort prévoyait 33 km sur piste cyclable avant d'atteindre La Rochelle. Une longue étape vue notre état de fatigue mais, même si Marie-Agnès me tempère, je me plais à nous imaginer demain le front ceint des lauriers de la victoire.

Les cinq, dix, quinze premiers kilomètres, d'une rare monotonie le long de la voie rapide n'entame pourtant pas notre enthousiasme ni notre détermination.

Une voiture nous dépasse. La vitre s'ouvre sur le visage souriant d'un agriculteur revenant de son champ.

— Vous allez où ?
— La Rochelle !
— Montez, j'y vais aussi, je vous emmène !
— Merci beaucoup, mais nous préférons y aller à pied.

Quoi ! On voudrait nous priver de ces derniers moment d'intimité avec le Chemin. L'ultime tentation du diable, sûrement... Dans certains moments de fatigues extrêmes où nous étions au plus bas, la proposition aurait pu nous allécher. Mais là ! Encore vingt petits kilomètres...

Pourtant, nos jambes peinent de plus en plus à nous supporter. Le souffle se fait plus court et bruyant. Les pauses se multiplient tout en s'allongeant. Mais comment imaginer s'arrêter. On anticipe déjà la ligne d'arrivée... Mais au fait, quelle sera-t-elle ? Nous tombons d'accord sur l'une des deux tours protégeant autrefois l'entrée du Vieux Port : la tour de la Chaîne. Tout un symbole ! Comme celles dont nous nous serons un temps délestés sur notre aventure (travail, crédits, factures, peurs infondées, stress...) et que nous finirons bien par retrouver un jour. Mais nous sommes désormais plus forts pour les affronter, à deux.

Le paysage change brusquement lorsque nous arrivons à Châtelaillon Plage. D'abord le quartier des Boucholeurs, ravagé par la tempête Xynthia, où les volets clos et les slogans désabusés, témoignent encore de la douleur des familles à l'idée de quitter ce littoral devenu dangereux. Plus amène, nous poursuivons sur la promenade le long du front de mer où une fourmillante vie touristique s'égaille au soleil. En vue, au loin, une pointe s'enfonçant dans l'océan... Peut-être celle des Minimes, le quartier universitaire de La Rochelle. C'est encore loin mais nous avons maintenant un cap à suivre. Rien de tel pour nous faire redoubler d'effort !

En fait, ce bras de terre s'enfonçant dans l'Atlantique n'est autre qu'Angoulins, autre cité balnéaire. La Rochelle est encore à dix-sept kilomètres !

Au rythme des pauses casse-croûte, devenues de plus en plus souvent indispensables, nous vivrons pleinement, et douloureusement, chacun de ces kilomètres restants. A notre dépend, nous apprenons que le corps veut souvent rendre les armes plus tôt que l'esprit.

A 17h30, les jambes tremblantes d'épuisement et d'émotion, nous atteignons le port des Minimes, où un passeur électrique vient nous cueillir. Ce petit bateau silencieux, glissant sur un océan paisible, nous mène entre les deux tours marquant l'entrée du Vieux Port. Nos sourires semblent figés pour l'éternité. Impossible de penser à autres choses qu'à l'instant présent, ni d'exprimer l'un et l'autre son bouillonnement intérieur. A quoi bon ! Ce moment unique est pour nous seul, il est vécu en symbiose.

Une fanfare crée l'animation sur les quais tandis que des applaudissements saluent les acrobaties d'un jongleur de rue. Depuis cette petite bulle qui semble nous réunir, nous nous accaparons avec bonheur ces élans festifs. Nous n'avons qu'à faire comme si l'orchestre était là pour nous et si la foule frappait des mains à notre intention ! C'est si bon !

Débarqués sur le quai, nous nous frayons un passage au milieu des vacanciers afin de refermer le livre d'une aventure magique et inoubliable. Les paumes de nos mains frôlent la pierre dure et froide de la tour de la Chaîne.

Ça y'est... On l'a fait !

A force de volonté, de confiance et d'entraide, nous venons de bâtir les fondations d'une existence à deux.

KILOMETRES PARCOURUS :
1 500 km
DATE :
28 juillet 2011

Fin.

Le blog est en ligne à l'adresse :
http://makarel.posterous.com

Voyage de Noces à travers la France-144

REMERCIEMENTS

Nous tenons à remercier...

...nos familles, nos amis qui nous ont accompagnés, encouragés, et souvent régalés de leurs commentaires durant notre périple,

...nos employeurs qui nous ont laissés l'occasion de faire cette parenthèse professionnelle,

...Christiane & Jean-Claude, Montholier
Tartine & ses propriétaires, Balaiseaux
Monique & Georges, Saint Aubin
La Mairie d'Esbarres
Armelle & Hugues, Beaune
L'Association des Amis de St Jacques de Vezelay
Marielle de l'Office de Tourisme de Lormes
Brigitte de la maison d'hôte de Droiturier
L'Association jacquaire du Puy-en-Velay
Les hospitaliers et les moines de Conques
Sylvie, Bruno, Salomé & Léo, Capdenac
Cécile du Nid des Anges, Lascabanes
Les hospitaliers de l'ancien Couvent des Carmels
Maïté, Arthez-de-Béarn
Le Camping des Chevreuils entre Seignosse et Soustons

...et aussi Denise, René, Olivier, Anne, Erika & Jean, Laurent, Cathy & Christine, les Mousquequaires et tant d'autres qui ont égayé notre Chemin,

...sans oublier la faune à plumes, à poils, à cornes ou à écailles (sans rancune !) ayant peuplé nos moments de solitude.

Composition :
Marie-Agnès et Karel BERTHET

Impression :
Lulu.com

Le 15 novembre 2012

Dépôt légal : novembre 2012

ISBN 978-1-291-20213-7

Printed in Germany
by Amazon Distribution
GmbH, Leipzig